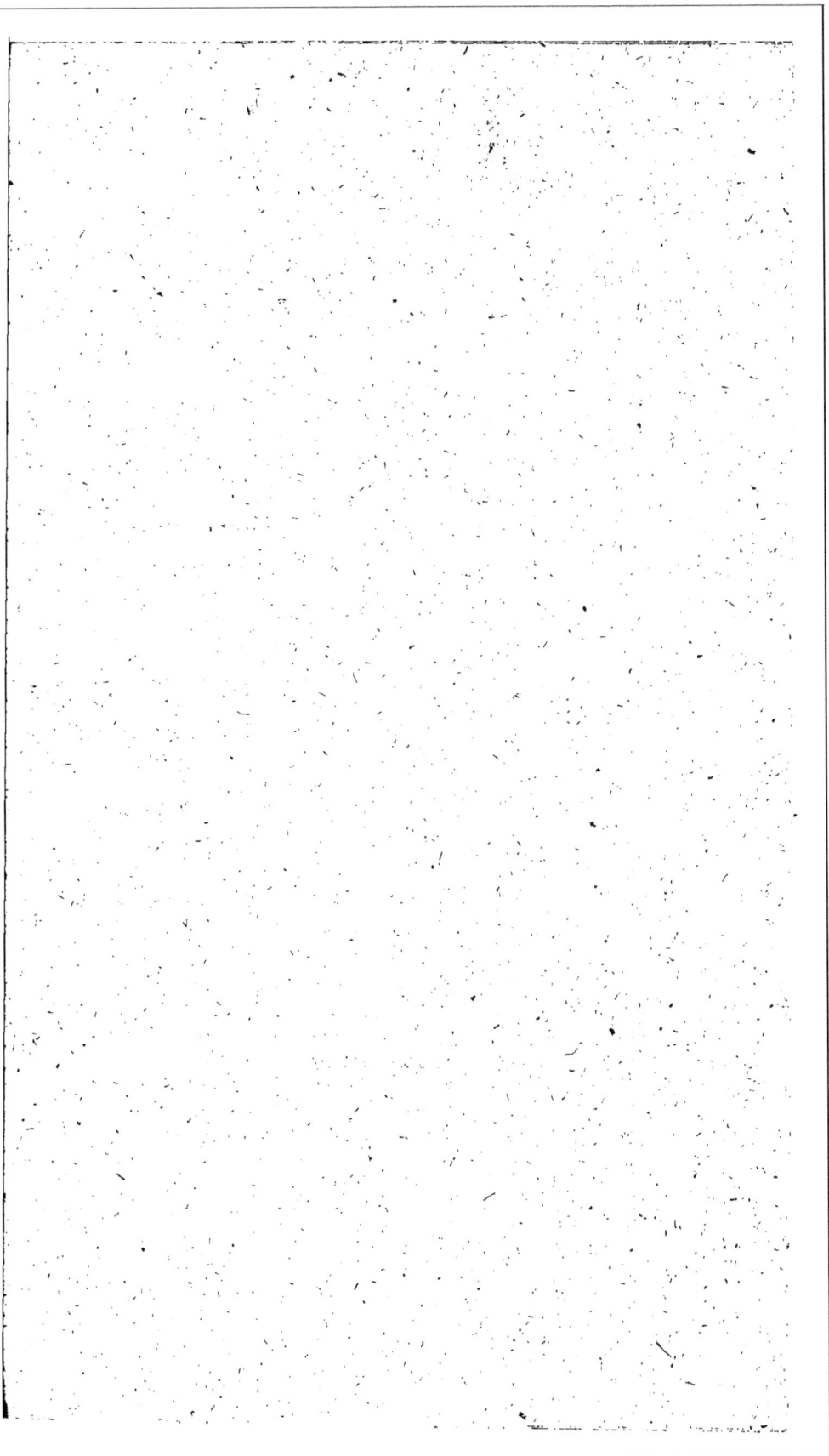

Lb⁴⁶.383.

LA
LANTERNE MAGIQUE
DE LA
RESTAURATION.

IMPRIMERIE DE BRASSEUR AINÉ.

LA
LANTERNE MAGIQUE

DE LA

RESTAURATION,

dans laquelle on verra paraître les différens personnages
qui ont figuré dans les évènemens qui ont eu lieu sous
le règne de Louis XVIII.

« L'honneur est comme une île escarpée et sans bords ;
« On n'y peut plus rentrer dès qu'on en est dehors. »

Par un Officier de Marine.

Prix, 2 fr. 5o c.

A PARIS,

Chez les principaux Libraires du Palais-Royal.

1815.

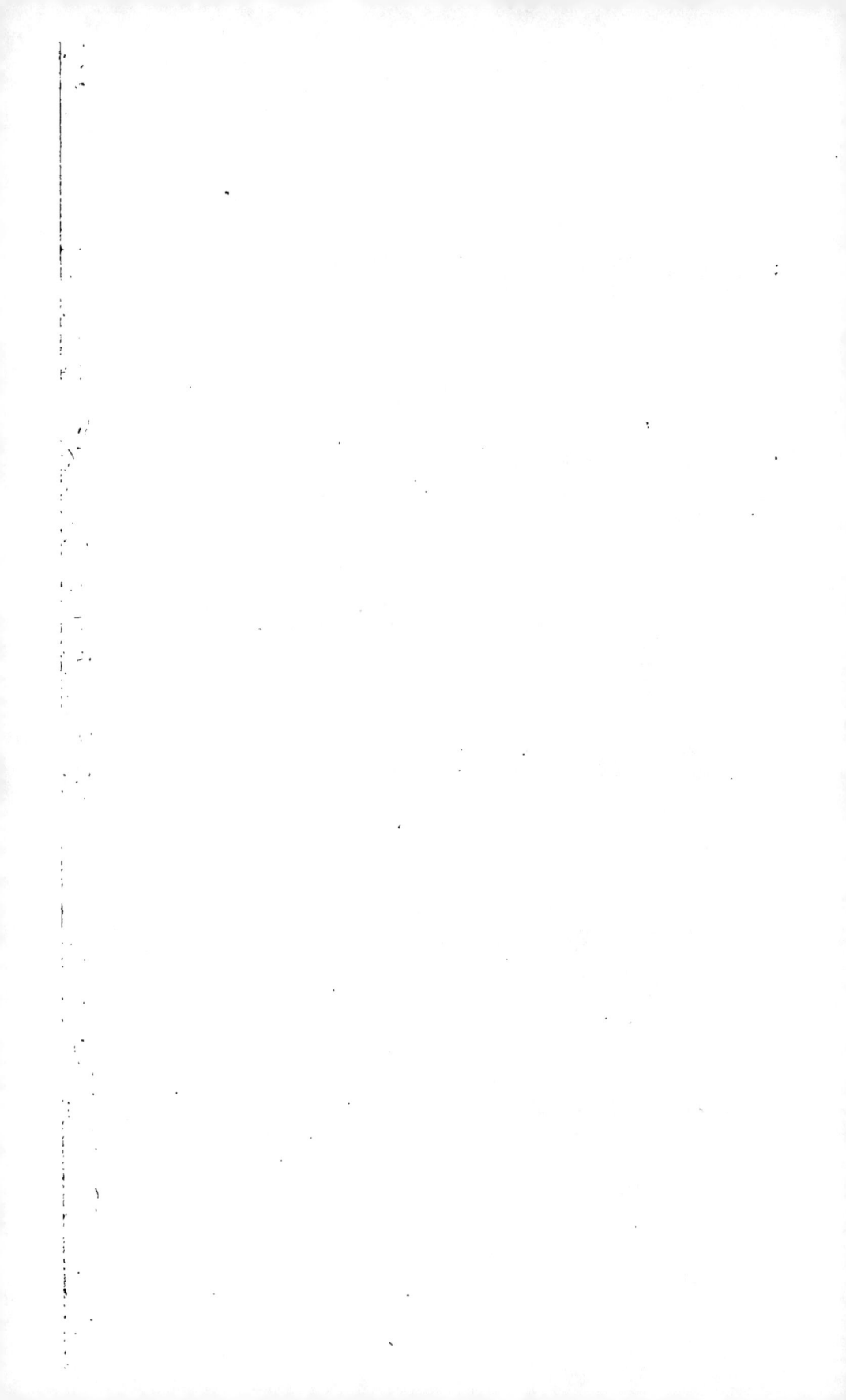

LA
LANTERNE MAGIQUE
DE LA
RESTAURATION.

PREMIER TABLEAU.

Prise de Paris. — Abdication de l'Empereur. — Elèves des Ecoles Polytechnique et d'Alfort. — Augereau, Marmont et par occasion Pichegru, Dumouriez, Georges, Moreau.

La France, depuis la déchéance de Louis XVI, avait successivement adopté différentes formes de gouvernement qui ne lui laissaient que le nom de république : elle arriva par la force des circonstances au régime consulaire, d'où elle passa au gouvernement impérial, qui fut généralement reconnu, puisqu'il exerça plus de dix ans toute la plénitude de sa puissance sans la moindre opposition de

la part de la nation, et de l'assentiment
de toutes les puissances ; et le souvenir du
royaume de France et de Navarre se perdit
entièrement dans l'immensité de la gloire nationale qui couvrait L'EMPIRE FRANÇAIS. De
grandes fautes, qui ne furent pas l'ouvrage
d'un seul, des revers plus grands encore, qui
furent la faute de plusieurs, l'abus d'un pouvoir immense, excité par ceux qui étaient
chargés de le réprimer, amenèrent des malheurs dont il n'était pas facile de prévoir le
terme. L'invasion de notre territoire par les
armées de toute l'Europe vint mettre le comble
à nos désastres.

La France, après la perte de sa capitale,
ne voit plus que son entier anéantissement
dans une guerre dont elle est le théâtre,
qui peut se prolonger encore long-temps,
et dont les calamités vont se répandre sur
tous les points. C'en était fait de cet empire
naguère si puissant, lorsque son chef, que
l'on accuse d'avoir causé nos maux par son
ambition, qui va les aggraver encore par
une plus grande résistance, et à qui des
traîtres, en livrant Paris, viennent d'enlever
le plus beau laurier qu'accorda jamais la
victoire, puisqu'il allait d'un seul coup pur-
ger la France des hordes barbares qui la
dévastaient; lorsque Napoléon, qui aurait pu
conserver encore l'empire en le défendant jusqu'à la désunion des alliés, en apparence

alors peu éloignée, ou qui pouvait s'ensevelir
avec gloire sous ses ruines ; lorsque Napoléon,
calme et tranquille, abdique. Il abandonne
une couronne qu'il ne doit plus espérer de
recouvrer, il consent à se retirer sur un
rocher, lui pour qui l'Europe était, disait-on,
trop petite. Il part, et sa retraite nous pro-
cure une paix qui abaisse notre puissance,
et obscurcit notre gloire. L'abdication de Napoléon est un de ses plus beaux titres à la
reconnaissance de la nation. Encore maître
des places fortes et d'une partie de l'empire,
fécond en ressources, il pouvait réunir des
forces, résister long-temps, et peut-être
repousser les ennemis ; mais s'il eût échoué
dans son entreprise notre malheureuse patrie
se serait vue en proie à toutes les horreurs
d'une guerre civile, jointes à toutes celles
d'une guerre étrangère. Notre sort était donc
entre ses mains, et le sacrifice de sa couronne sauva la France, alors que tout paraissait désespéré. Les plus odieuses défections s'étaient manifestées dans le sein même
de la France ; nos armées étaient désorga-
nisées, et nos villes livrées sans défense par
des traîtres dont les noms sont voués à l'infamie. Et quel sort est aujourd'hui le leur ?
Méprisés de ceux qu'ils ont servis, honnis
et vilipendés par la nation qu'ils ont trahie,
obligés de fuir en abandonnant une partie
des richesses qu'ils ont si *noblement* acquises,

ils portent leur honte dans les pays étrangers, où ils doivent s'apercevoir que ceux
qui paient le mieux la trahison sont ceux qui
méprisent le plus les traîtres.

Ils avaient pourtant de grands exemples
sous les yeux : Dumouriez et Pichegru,
avec infiniment plus de talens qu'eux, n'ont
pu échapper à l'infamie.

Le premier, après s'être déshonoré par sa
fuite, a traîné partout son opprobre et ses
remords, et il vit en Angleterre dans la
misère et l'obscurité. Il était oublié de toute
la France, qui avait laissé à l'histoire le soin
de faire connaître son crime à la postérité,
lorsqu'un de ses anciens compagnons d'armes
vint nous révéler le secret de son existence
en sollicitant de l'indulgence de la nation
son rappel et une modique pension ; vœux
superflus d'une indiscrète amitié, qui, tout
en nous rappelant de pénibles souvenirs,
réveilla le sentiment de l'horreur chez tous
les Français, et le mépris de ceux que la
trahison avait favorisés.

Pichegru, dont nous avions également admiré le mérite, et dont le nom était lié au
souvenir des plus brillans succès de la république, ne saurait être indifférent aux Français ; Pichegru trahit tout à coup une cause
qu'il avait cimentée de son propre sang. Il
consent à être stipendié par l'Angleterre, et
vient enfin trouver la mort en France, comme

le misérable associé d'un brigand, d'un Georges
Cadoudal, dont toute la Vendée atteste la
gloire et les *vertus ;* et en dernier lieu n'avons-
nous pas vu, dans un service solennel, figurer le nom de Pichegru à côté de celui de
Georges, ce dernier étant qualifié du titre de
général, parce qu'il a commandé des bandes
de quinze à vingt chouans dans des expé-
ditions nocturnes dont le but était le pillage
des maisons, l'assassinat des hommes et le
viol des femmes qui les habitaient. Pichegru
avait justifié ce rapprochement de nom par
son association avec ce Georges, dont le *roi
de France* n'a pas rougi d'anoblir la famille;
brillant article à fournir aux investigateurs de
généalogies ; illustre souche pour les rejetons
des paladins qui en sortiront; et combien de
noms *anciens ,* prônés et tenus pour *grands ,*
n'ont pas une origine plus pure !

Mais si nous éprouvons un sentiment péni-
ble en voyant ces deux noms ensemble, qu'é-
prouverons-nous en y voyant aussi accolé celui
de Moreau, dans le même service solennel
dont les billets d'invitation portaient en toutes lettres : *Pour les généraux Moreau , Pichegru et Georges !*

Quelles que soient les raisons secrètes qui
ont fait accoler le nom de Moreau à celui d'un
assassin, gémissons de l'y voir. Cette insulte
faite à sa mémoire l'assimile à un *chouan* par
l'ordre des Bourbons. Quel est l'homme d'hon-

neur qui voudra les servir, ayant à craindre
un pareil outrage ? et comment ses amis pourront-ils défendre son innocence, qu'accuse une
présomption si forte, et qu'il semble avoir justifiée d'avance en venant mourir à Dresde,
enseveli sous un uniforme russe ? Fatale campagne qui nous fit perdre à la fois l'homme et
sa gloire !

Pleurez sa mort, femme inconsidérée qui
avez profité de sa faiblesse pour le déterminer
à venir se couvrir d'une semblable tache ! c'est
votre ambition qui l'a sans cesse harcelé pour
le porter à cette funeste démarche ! c'est vous
qui avez causé sa perte ! vous et ce Rapatel
qui a trouvé le juste châtiment de son crime
en venant perdre la vie, armé contre son pays
et combattant dans les rangs des Tartares qui
le dévastaient ! Où irez-vous porter les regrets
que vous cause sa mort ? Est-ce à Saint-Pétersbourg, où vous aurez continuellement sous les
yeux la statue qui doit transmettre à la postérité la honte de ses derniers momens ? Qu'ils
ont dû être terribles ! (1) Moreau mourir en

_____

(1) Il avait déjà pu sentir l'inconvenance de la démarche, aussi inconsidérée que criminelle, qu'on lui
faisait faire ; les journaux allemands avaient dit, ainsi
que le Conservateur Impérial, (gazette de Saint-Pétersbourg imprimée en français) à l'occasion de la dé-
sertion du général Jominy : — « Déjà l'exemple du
« général Moreau a produit les meilleurs effets, et

combattant contre des Français, ses anciens
frères d'armes, contre sa patrie ! lui !!! Ah !
quel plus grand exemple de fatalité nous offri-
ront les pages de l'histoire ! Qu'il ne soit pas
perdu pour vous, illustres capitaines dont les
noms, avoués par la gloire, font l'orgueil de la
patrie, heureuse de vous compter parmi ses
enfans ; vous que des services réels rendus à
l'Etat ont élevés à un rang dû à votre mérite !
N'oubliez pas que s'il est difficile de se faire
une brillante réputation, il est plus difficile
encore de la conserver intacte : HONNEUR et
PATRIE, voilà la règle de vos devoirs ; ne tran-
sigez jamais avec elle, et votre gloire est assurée.

On peut à la vérité par de belles actions
réparer un moment d'erreur, et le retour
à la vertu la rend quelquefois encore plus
brillante ; mais quel que soit le prestige dont

« nous venons de voir arriver au quartier-général
« russe le général Jominy, napolitain, attaché à l'état-
« major du prince de Wagram ; il a quitté l'armée
« française avec une grande quantité de plans, cartes
« et renseignemens sur la campagne, et nous espérons
« voir se multiplier les désertions. » Ainsi donc Moreau
aura lu qu'on lui faisait honneur de l'action infâme de
ce Jominy, que les officiers russes ne voyaient qu'avec
un dédain qu'il a pu reconnaître plus d'une fois. Partout on accueillera les traîtres pour profiter de leur
trahison, mais ils ne seront regardés qu'avec le mépris
qu'ils méritent.

on environne la tache, elle est toujours aperçue de ceux qui ne se laissent pas éblouir : on regrette d'en trouver une dans l'histoire du grand Condé. Combien de jours de gloire il faut pour compenser un seul jour de honte !

Plaignons le guerrier qui pour une cause quelconque se croit obligé de quitter sa patrie et de consacrer aux étrangers sa valeur et ses talens ! Il n'est que malheureux ; mais il devient coupable s'il porte les armes contre cette même patrie ; il imprime à son nom une tache indélébile. Et si cette faute, ou plutôt ce crime, excite notre indignation, qu'éprouverons - nous lorsque nous nous verrons trahis par des hommes à qui leur souverain a confié une partie des forces de la nation pour couvrir les points les plus importans de l'empire, tandis que par d'habiles manœuvres il se porte avec l'élite de l'armée sur les derrières de l'ennemi pour l'attaquer et lui couper la retraite, pendant que les autres corps l'empêcheront de pénétrer plus avant ! C'est ce que nous avons vu dans la dernière campagne.

Le maréchal Augereau, égaré par de perfides conseils, trompé peut-être par de faux rapports, dissémine ses troupes, les fait battre en détail, et livre à l'ennemi Lyon, qu'il devait défendre. Cet Augereau, qui avait souvent conduit nos cohortes à la vic-

toire, sans toutefois posséder d'éminens talens, mais dont la bravoure inspirait de
la confiance aux troupes, s'était fait une
belle réputation militaire ; nous aimions à
le savoir à la tête d'un corps d'armée ; nous
l'avions vu avec plaisir parvenir au plus beau
grade et aux plus hautes dignités, et dans
le maréchal duc de Castiglione nous nous plai-
sions à reconnaître le brave Augereau, dont le
nom s'alliait au souvenir de nos plus belles
victoires. Tout à coup vingt années du plus
noble dévouement sont oubliées ; le héros
disparaît : Augereau n'a plus de gloire à
perdre.

Marmont, dont nous ne connaissons guère
le nom que pour l'avoir vu quelquefois placé
à côté des plus beaux noms dont s'honore
l'empire français ; cet homme, qui doit ses
titres au hasard qui l'a fait se trouver souvent
près de nos héros, et sa fortune (1) aux
bontés du souverain, dont il a lâchement

---

(1) Nous entendons ici celle dont il jouissait avant cet
accroissement qui fut le prix de son infamie, et dont il employa, dit-on, un million en acquisitions de terres autour
de son château. Toute l'armée, toute la nation même
applaudirait au juste décret qui ordonnerait la démoli-
tion de son château, dont les matériaux serviraient à
faire ériger à la même place un obélisque à sa honte.
Puisque nous élevons des monumens a la gloire des
héros pour exciter une noble émulation ; pourquoi ne

trahi les intérêts ainsi que ceux de la nation ;
Marmont, après avoir successivement livré
plusieurs parcs d'artillerie, couronna sa
trahison en vendant Paris aux barbares, qui
sans lui allaient trouver la mort ou l'esclavage sous les murs de cette ville, dans laquelle ils ne sont entrés qu'en tremblant
malgré leur innombrable multitude et l'assurance qu'ils avaient de n'y trouver aucune
résistance.

On ne les accusera certainement pas d'avoir
fait une entrée triomphante ; jamais vainqueurs n'entrèrent avec plus d'humilité, et
il leur fallut plusieurs jours pour retrouver
cette morgue qu'ils ont déployée ensuite,
et qui leur eût coûté tant de sang si dès
les premiers momens on n'eût éloigné le petit
nombre de braves qui auraient puni leur
insolence et leur orgueil pour une victoire
qu'ils avaient achetée à prix d'or. Tout était
vendu ; on enlevait les canons des hauteurs
ainsi que les munitions ; on ne trouvait plus
que des boulets de 12 pour des pièces de 6 ;

---

pas également en élever à l'infamie des traîtres pour
la perpétuer et pour en inspirer une juste horreur ? Le
monument de Quiberon, par exemple, ne pourrait-il pas
être élevé avec une inscription qui dirait aux siècles
futurs: « Les Anglais débarquèrent ici un corps d'émigrés français qui venaient combattre leur patrie, et ils
les abandonnèrent au juste châtiment de leur crime. »

on ne donnait qu'un petit nombre de car-
touches, dont la plupart étaient remplies de
charbon et de verre pilés; on avait fait retirer les troupes : cependant la prise de
Montmartre et de la butte Chaumont coûta
à l'ennemi environ vingt mille hommes. Ce fut
particulièrement sur la butte Chaumont que
se livra ce combat mémorable, où moins de
quinze cents hommes, mal armés et manquant presque de tout, résistèrent à plus de
cinquante mille, l'élite des armées coalisées.

C'est là qu'environ 3 à 400 hommes de
cavalerie légère, 3 à 400 gardes nationaux
de la première légion, 6 à 700 hommes de
gardes urbaines venues de la Bretagne, firent
la plus vigoureuse défense depuis 5 heures
du matin jusqu'à 3 heures après midi, et
ils ne cédèrent que lorsqu'ils n'eurent plus
de munitions.

Nous devons aussi vous citer, valeureux
élèves de l'école vétérinaire d'Alfort, qui par-
tageâtes l'honneur de la défense du pont de
Charenton, qu'une nuée d'ennemis attaqua
infructueusement jusqu'à l'arrivée de la nouvelle de la *capitulation* de Paris.

C'est vous surtout, élèves de l'Ecole Polytechnique, qui dans cette grande journée
vous couvrîtes d'une gloire immortelle ! Deux
cents jeunes gens, qui voyaient le feu pour
la première fois, s'aidèrent d'une théorie qu'ils
n'avaient point encore eu l'occasion de mettre

en pratique, et suppléèrent à tout ce qui leur manquait par un courage héroïque, dont l'histoire instruira la postérité ; et dans un combat aussi opiniâtre ils n'eurent que dix-sept blessés et deux tambours tués.

Aujourd'hui, que l'on peut hautement applaudir au courage, et que les actions d'éclat ne sont plus des titres de proscription, vous recevrez la récompense qui vous est due, jeunes et vaillans élèves de Mars ! le chemin des honneurs ne vous est plus fermé ; vous pouvez prétendre à tout. Votre valeur doit vous ranger parmi les héros de nos armées ; c'est à vos talens à vous élever aux plus hauts grades. Votre premier pas dans la carrière des armes vous place à côté de nos vétérans les plus éprouvés. En entrant au service nos jeunes officiers ont leur gloire à acquérir : vous avez la vôtre à conserver. Les véritables vainqueurs de la journée du 30 mars ne peuvent plus se borner à de médiocres succès. Honneur et Patrie, voilà votre devise ; ne la perdez jamais de vue.

L'Empereur, qui sait apprécier la valeur et le mérite, ne vous oubliera pas. Il n'est pas de Français qui ne vous vît avec plaisir porter une marque à laquelle on pût reconnaître les héros du 30 mars, et qui ne s'empressât de souscrire pour l'élévation d'un simple obélisque sur le théâtre de votre gloire ; comme il n'en est pas non plus qui ne contribuât voloutiers pour faire ériger sur la place de Grève une statue de fer, grandeur colossale, représentant un homme environné de tous les attributs de la Trahison et de l'Envie, portée sur un piédestal élevé pour la garantir des mutilations, avec cette inscription :

MARMONT,
DUC DE RAGUSE,
LIVRE PARIS.
30 mars 1814.

Après ces traîtres qui nous causèrent de si grands malheurs, et les braves qui voulurent sauver Paris, nous allons faire passer le Gouvernement provisoire qui livra la France aux Bourbons.

SECOND TABLEAU.

Gouvernement provisoire. — *Arrivée du comte d'Artois.* — *Reddition des Places fortes.* — *T*** et consorts.* — *Le prince Eugène, le général Carnot, le prince d'Eckmühl, etc., etc., etc.*

LE Gouvernement provisoire, formé sous la protection des baïonnettes ennemies, se prétend l'arbitre du sort de la France. A sa tête se place Ch.-Maur. T***, *le plus habile politique de son temps*, nouveau Protée, prenant toutes les formes sans changer au fond, avide de titres et d'*honneurs*, passionné pour les richesses, mais sachant à propos, pour parvenir à ses fins, prodiguer l'or, qu'à la vérité il a, dit-on, des moyens aussi certains que multipliés de se procurer en abondance. On assure, pour prouver son désintéressement, qu'il donnerait sa réputation pour moitié de ce qu'elle lui a rapporté. Il sait être affable et poli; ses manières séduisantes rendent parfois sa société agréable, au point de faire oublier la difformité de son caractère. Rond en affaires, il vous dit franchement : *Il me faut tant.* Il sait presque toujours couvrir ses négociations du manteau de la décence et de la délicatesse; il est tout procédés gracieux: aussi pourrait-on dire de lui qu'il est le fripon le plus *honnête* de son temps. Fidèle à ses principes, constant dans son opinion, qui est de n'en avoir point à lui, on a vu ce caméléon politique prendre la couleur de tous les gouvernemens, suivre tous les régimes, appartenir à tous les partis, et n'être jamais d'aucun. De la cour de Louis XVI on le vit, semblable à ces baladins adroits qui dansent légèrement parmi des œufs rangés sur un théâtre sans les déranger, ou du moins

sans en casser, parcourir vingt-cinq ans de
la révolution la plus étonnante, toujours
aux premiers rangs; et il tenait encore le
porte feuille des relations extérieures sous
Louis XVIII, qu'il représentait au Congrès
avec assez de succès, comparativement au
peu de puissance de son patron. On prétend qu'il abusa souvent de la confiance
qu'on lui accorda. Nous n'oserions l'affirmer;
mais il vient de tromper l'attente de toute
la nation et d'une partie de l'Europe, qui
croyaient le voir quitter Vienne pour venir à
Paris ramener parmi nous notre souveraine
avec cet intéressant enfant sur qui nous fon-
dons l'espoir du bonheur de la génération
prochaine. Mais nous reverrons peut-être
bientôt notre évêque, devenu meunier, reparaître sur la scène avec sa femme, qui nous
rapportera sans doute les diamans de la couronne, que de charitables héroïnes ont,
dit-on, emportés en Angleterre quelques
jours avant la fin de la *restauration*. Qu'il
vienne; nous l'accueillerons avec toute la
considération qui lui est due, et la cour
impériale ajoutera sans doute à l'estime *toute
particulière* dont il jouissait à la cour royale.

Avec du talent, de l'esprit et de la sou-
plesse on parvient à tout, et il ne faut pas
désespérer du génie qui, passé des États
généraux à l'Assemblée constituante en 1789,
par raison de convenance sans doute, en sa

qualité d'évêque, provoqua malicieusement
le décret de confiscation des biens du clergé.
Combien lui fallut-il pour cela et pour sa
représentation épiscopale à la fédération du
14 juillet 1790, où il officia pontificalement
pour la bénédiction solennelle *des bannières
sacrées de la liberté ?* Serait-ce cette petite
pasquinade qui lui aurait attiré les foudres
du Vatican, que le Saint-Père, dans un accès
d'humeur, décocha contre lui en 1791 ? L'année suivante il fit outre mer un petit voyage
d'observation par ordre de Louis XVI; il
le continua pour la Convention, mais nos
voisins, brusques insulaires, le lui firent
pousser jusqu'au Nouveau-Monde. Après la
chute de Robespierre Chénier fit révoquer
sans la moindre opposition le décret de mise
hors la loi qui avait été adroitement lancé
contre T*** pour couvrir l'objet de ses missions. De retour à Paris il se promena majestueusement de gouvernement en gouvernement dans les ministères et les premiers
emplois, fit nos affaires sans oublier les
siennes, et en l'an 6 il présenta MM. Monge
et Berthier au Directoire, où il fit un discours
pompeux pour la réception du général Bonaparte; donna un bal et un souper en son
honneur, et pria toutes les personnes invitées
de s'interdire l'usage des habits provenant
des manufactures anglaises. A peu près vers
ce temps il trouva l'occasion de nier qu'il
eût jamais porté la cocarde blanche.

En l'an 7 plusieurs citoyens témoignèrent par la voie des journaux leur étonnement de le voir au ministère après la journée du 30 prairial. Il crut devoir céder à l'orage, et donna sa démission, que le Directoire accepta en lui adressant quelques complimens flatteurs, contre lesquels le *Journal des Hommes libres* fit éclater la plus vive indignation. Lorsque Garreau fit l'annonce de la prochaine nomination de T*** au département de Paris, ce qu'il regardait comme le présage d'une nouvelle réaction, Lucien Bonaparte fit remarquer que ce nom se trouvait dans toutes les conspirations. Mais toutes ces clameurs furent vaines ; le malin Asmodée tint ferme ; et, après une foule d'incidens et d'aventures tant bonnes que mauvaises, et connues de presque tout le monde, nous le voyons arriver au 30 mars 1814, où il devient pour quelques heures un fantôme de souverain, et notre sensuel ex-évêque, bien payé, fournit le premier *plat* de la *restauration*. Nous terminerons son article par ce quatrain de Chénier :

Roquette dans son temps, Périgord dans le nôtre
    Furent évêques d'Autun.
   Tartufe est le portrait de l'un !
   Ah ! si Molière eût connu l'autre !...

Passons aux autres membres du gouvernement provisoire :

· M. L. M. M. D. L. passait assez géné-

ralement pour un homme de mérite. En
1789, après la clôture de l'assemblée constituante, resté avec la minorité, il se déclara le
défenseur des droits du peuple. Nous ne savons pas ce qu'il fit en faveur de cette cause,
mais on le vit plaider avec beaucoup de zèle
et d'intelligence celle du clergé : il déclara
destructif de la religion le décret qui ordon-
nait la suppression des dîmes, et il s'éleva
avec chaleur contre tout ce qui pouvait porter atteinte aux priviléges du clergé. En
confondait-il les droits avec ceux du peuple,
ou avait-il oublié sa première déclaration? Il
défendit une mauvaise cause, mais avec esprit
et avec décence, ce qui fit concevoir une assez
bonne opinion de lui dans le public : son ministère l'a-t-il justifiée, et Dieu a-t-il exaucé
la prière des commis de ses bureaux ? Ce qu'il
y a de certain, c'est que l'on oubliera diffici-
lement l'acharnement qu'il montra contre la
liberté de la presse, qu'il parvint à rendre pres-
qu'illusoire par les restrictions qu'il y apporta,
restrictions qui firent que le parti ministériel
put tout écrire contre celui de l'opposition,
réduit à se taire. Il reprit ses anciens erremens ;
il voulut le rétablissement des dîmes, et il aurait fortement contribué à la résurrection des
priviléges du clergé.

M. L. C. F. J., frère obscur et peu digne
d'un illustre encyclopédiste, ne se distingua
que par le zèle qu'il manifesta pour l'émigra-

tion et les émigrés, qu'il chercha continuellement à favoriser ; il émigra lui-même ; il voyagea beaucoup en Allemagne, où les journaux du temps l'accusèrent d'intriguer contre la France.

M. L. G. B. a traversé toute la révolution en remplissant plusieurs emplois civils ou militaires : il fut l'un des prisonniers échangés contre la fille de Louis XVI. La prise de quatre émigrés lui valut le surnom d'Ajax français, que lui donna Dumouriez, alors son général. Nous pensons que la restauration est le premier acte de royalisme auquel il ait pris une part active.

M. L. D. D. — Pour celui-là nous le recommandons à la mémoire de ceux à qui il suffit de voir un nom pour le retenir.

M. D. D. N. — A l'occasion de ce nom, connu par des ouvrages justement fameux, on pourrait révéler au public des choses neuves et piquantes dans une conversation entre une mouche, une araignée, une sauterelle et M. D. D. N., que l'on a assez spirituellement surnommé l'arlequin Réaumur ; mais nous n'avons pas comme lui le talent agréable de faire parler les bêtes. Ce nom n'est d'ailleurs que celui d'un personnage accessoire au Gouvernement provisoire, et nous le reléguons dans l'urne de la restauration.

Le Gouvernement provisoire, dont l'autorité n'était pas légalement constituée, remit, le 14 avril 1814, son pouvoir arbitraire au comte d'Artois, qui, plus illégalement encore, avait publiquement pris le titre de *lieutenant général du royaume* dès le mois de février, et c'est en cette qualité qu'il fit avec les souverains coalisés un traité, en vertu duquel il abandonnait toutes nos conquêtes, et s'engageait à faire évacuer les pays cédés. Il nous enleva par-là le fruit de plus de vingt ans de victoires.

En conséquence les ordres furent envoyés pour la remise des places fortes. Plusieurs commandans ne voulurent pas d'abord se rendre aux armées alliées : ils voulaient attendre que le Gouvernement prît une forme plus régulière. Cette heureuse obstination, si elle eût pu être portée un peu plus loin, aurait peut-être conservé à la France une partie de la Belgique. Mais non ; enivrés d'un bonheur inespéré qui les ramenait enfin dans cette France qu'ils ne comptaient plus revoir, les princes auraient consenti à toutes les concessions ; Paris et la couronne auraient suffi à leurs vœux. Cependant l'armée adhéra à l'acte qui rappelait les Bourbons. L'Elbe étonné vit paraître sur ses rives les lis oubliés ; le pavillon blanc flotta pour la première fois sur Magdebourg et sur Hambourg. L'intrépide Lemarrois n'évacua la première de ces deux villes que le 23 mai en ver-

sant des larmes de dépit, ainsi que ses braves
compagnons. Des ordres réitérés et le désir
d'épargner le sang purent seuls arracher
le prince d'Eckmühl de Hambourg, dont il
remit le commandement au général Girard,
après l'avoir si long-temps défendu contre
une armée nombreuse. Cette ville , qu'un
détachement de cosaques avait prise sans
tirer un seul coup de fusil, peu de temps
après arrête une armée, et, chaque jour
ajoutant à sa force par les travaux de la
garnison, une ville, marchande-et ouverte de
tous côtés, devient comme par enchante-
ment une ville de guerre en état de soutenir
un siége. Cette belle défense, qui eût suffi
pour établir une réputation, n'ajouta que
fort peu de chose à la gloire du maréchal
Davoust, dont le nom se trouve associé aux
plus brillans exploits de l'armée française. La
transformation de Hambourg en place forte
a provoqué de la part du commandant une
sévérité qui lui a fait beaucoup d'ennemis
dans le pays : on a taxé de cruauté des mesures qui ont dû paraître d'autant plus ri-
goureuses qu'elles s'exerçaient sur une ville
commerçante, jusque là étrangère à toute idée
de fortification, ce qui a indisposé contre
les Français. La défense de Hambourg fera
époque dans les fastes militaires : elle fut en
partie cause de la défaveur qu'éprouva le
prince sous le gouvernement *paternel*, cir-

constance aussi honorable qu'heureuse pour
sa gloire, demeurée sans tache.

On rendit les autres places de l'Allemagne :
Phalsbourg, Wesel et Mayence furent évacués ;
Erfurt et Marienberg le furent également par
les généraux Turreau et Dalton. Le général
Laplane quitta Glogau ; déjà Custrin, Stetin
et d'autres forteresses avaient capitulé, ainsi
que Dantzick, sous les ruines de laquelle
l'intrépide Rapp eût préféré s'ensevelir. Les
places de la Belgique furent aussi remises au
pouvoir des alliés. Le brave général Gilly,
qui depuis le commencement d'avril dispu-
tait Flessingue aux Anglais, céda enfin le
11 mai aux ordres précis que lui apporta le
général d'Abouville. Mastricht fut remis par
le général Merle aux Anglais, qui prirent possession de toute la Belgique ; et nous perdîmes
Anvers avec le fruit de tant de travaux qu'on y
avait faits. Le traité nous accordait les deux
tiers de la flotte, des magasins et de l'artillerie
navale. Des rapports dignes de foi, et le soin
que l'on a eu de nous faire voir quelques pièces
de canon déposées au port Saint-Nicolas, sem-
bleraient appuyer l'opinion des personnes qui
pensent que cette condition n'a pas été remplie
avec équité à l'égard de la France. Il nous
fallut enfin renoncer à cette importante ville
d'Anvers, que le général Carnot venait de défendre, et qu'il avait rendu presque impre-
nable par les ouvrages qu'il y fit exécuter lors-

qu'il en prit le commandement ! Il perdit ainsi
en un instant le fruit de ses soins et de ses talens. En se retirant il emporta l'estime et les
regrets de tous les habitans, qui, Français de
cœur, n'avaient pas oublié que la réunion de
la Belgique à la France fut en partie due à la
sagesse du plan de campagne qu'il donna,
étant membre du comité de salut public, et que
Pichegru suivit. La belle retraite que Moreau
exécuta avec tant de bonheur et d'habileté
avait également été concertée entre lui et ce
même homme, à la fois guerrier et administra-
teur, que nous voyons aujourd'hui occuper le
ministère de l'intérieur avec l'approbation
générale et méritée de la nation. Son nom, qui
est du domaine de l'histoire, parviendra à nos
derniers neveux parmi ceux dont la France
s'honore à juste titre.

En Italie les armées évacuèrent également
les places fortes et les positions, et elles
revinrent en France. Nous revîmes ce jeune
héros à qui la nature a prodigué ses dons les
plus heureux, le fils de cette bonne Joséphine,
dont tous les Français chérissent la mémoire.

Le prince Eugène ne pouvait qu'être dé-
placé à la cour de Louis XVIII ; il préféra se
retirer à celle de son beau-père ; et aujour-
d'hui, dit-on, les souverains alliés, violant
en sa personne le droit des gens, le retien-
nent prisonnier en Allemagne. Cette violence,
indigne de la majesté du trône, est assez

d'accord avec la politique astucieuse qu'a
suivie le congrès. Si l'honneur la réprouve,
une sorte d'intérêt semble la commander : en
effet ce prince, admiré de la nation, chéri
de l'armée, estimé de l'Europe, qui applaudit au noble caractère qu'il a déployé,
aurait contribué à nos succès en combattant
à la tête des braves, avec qui il a fait ses
preuves. Sa captivité est un hommage que
nos ennemis rendent à son mérite; ils savent
combien nuirait à leur cause le retour d'un
prince instruit dans l'art de régner, aussi à
craindre pour eux par sa sagesse dans les
conseils que redoutable par sa valeur et ses
talens militaires à l'armée. Son nom est sans
contredit l'un des plus beaux qu'offrent les
fastes de l'empire : et qui mieux que lui mérite l'honorable surnom de Bayard! D'heureuses circonstances pourront peut-être ajouter encore un nouvel éclat à sa gloire; mais
tous ses soins doivent se porter à la conserver
intacte.

Nous pourrions rapporter un grand nombre
de traits honorables à l'armée; beaucoup de
généraux et d'officiers se sont distingués en
cette occasion; tous ont dû céder aux circonstances, ainsi qu'une foule d'autres citoyens,
qui ont également fait le sacrifice de leur
opinion pour assurer la tranquillité publique,
et dans l'espoir d'un plus heureux avenir;
nous regrettons de ne pouvoir tous les citer

ici : mais , avantageusement signalés à l'estime
de la nation, ils sont généralement connus,
et il n'y a nul doute que leur conduite conti-
nuera de justifier la considération dont ils
jouissent.

Nous venons de voir passer le Gouvernement provisoire et le comte d'Artois , qui , en
sa qualité de lieutenant général du royaume,
dispose généreusement de nos conquêtes,
auxquelles ni lui ni sa famille n'avaient contribué ; nous allons maintenant passer à l'arrivée du *Roi de France et de Navarre*, et
tracer quelques traits de son règne.

TROISIÈME TABLEAU.

*Arrivée de Louis XVIII. — Son Règne,
l'Armée, les Évincemens. — Le Commandant de Cherbourg. — Les Solliciteurs.
— Le Monopole. — Mademoiselle Raucourt
et les Prêtres. — Nouvelle du Débarquement de l'Empereur.*

Louis XVIII arrive avec le titre de *roi de
France et de Navarre ;* il rejette l'acte qui
l'appelait au trône, et s'empare de la couronne , dont il prétend avoir hérité d'un
Louis XVII, également *roi de France et de*

Navarre, et qu'il regarde comme un bien qui lui appartient depuis dix-neuf ou vingt ans; il ne paraissait pas certain de la date; car en juin 1814 on le faisait signer la vingtième année de son règne, et le mois d'août suivant la dix-neuvième.

Le 30 mai il conclut le traité définitif avec les alliés sur les mêmes bases que le premier fait par son frère.

Parmi les promesses brillantes, mais illusoires et inconsidérées, qu'en arrivant le comte d'Artois avait faites à la nation au nom du roi, on doit remarquer principalement celles de l'abolition des droits réunis et de la conscription. Revenu sur la première, le monarque eût été également forcé de revenir sur la seconde, parce que l'état militaire n'offrait plus les mêmes avantages; les nobles seuls se seraient trouvés en possession des grades; il y aurait eu moins d'officiers de fortune que jamais; et le soldat, privé de l'espoir de porter un jour l'épaulette, n'aurait pu se résoudre à sacrifier sa liberté pendant les plus belles années de sa jeunesse pour une modique somme de cinquante ni même de cent francs : les enrôlemens volontaires n'eussent pu suffire en temps de guerre, ni même en temps de paix, parce que le commerce offre des ressources bien plus avantageuses à la jeunesse qu'un métier dur, qui se serait bientôt trouvé avili.

Il aurait donc fallu recourir à un moyen

forcé pour le recrutement de l'armée, et ce
moyen, qui n'eût plus été couvert du prestige
de la gloire, aurait excité un mécontentement
général. La conscription en elle-même est une
bonne institution en ce qu'elle atteint également toutes les classes de la société ; elle ne
pèche que par l'abus que l'on en a fait, et tous
les modes de recrutemens forcés sont suscep-
tibles des mêmes inconvéniens : la conscription,
renfermée dans de justes bornes, permettra
toujours à ceux qui ne voudraient pas servir
de se faire remplacer pour une somme raisonnable, dans la supposition que la guerre
ne sera qu'une défense légitime, ou un secours
nécessaire à un voisin oppressé, mais jamais
une ambitieuse aggression. Dans ce cas, quel
que soit le mode de recrutement, il deviendra
toujours oppressif et contraire à la prospérité
nationale.

S'il est un pays où les enrôlemens volontaires
puissent suffire, c'est sans contredit la France,
où la gloire militaire fut de tout temps l'idole
de la nation ; et de tous les gouvernemens
le gouvernement actuel est celui qui peut
le mieux se passer d'enrôlemens forcés : l'état
militaire est le plus honorable, et il peut conduire à tout ; le soldat qui n'est que brave est
sûr d'acquérir d'honorables distinctions, et
peut compter sur une retraite qui lui procurera
une honnête existence : celui qui est instruit
peut prétendre aux plus hauts grades. Le che-

min de la fortune est ouvert pour tous, et le
mérite doit être le plus sûr moyen de parvenir.
Il est bien évident que sous un semblable régime on aura plutôt à retenir l'ardeur bel-
liqueuse d'un peuple naturellement guerrier
qu'à l'exciter.

Ces dispositions martiales, qui avaient tant
contribué à l'accroissement de notre gloire
nationale, avait donné aux militaires une élévation d'âme qui ne leur permettait plus de
souffrir une honteuse servitude, et ce fut la
cause de la haine que la cour de Louis XVIII
portait à l'armée. On ne pouvait facilement
espérer de réduire sous le joug du fanatisme
et de la féodalité des braves animés d'un esprit d'indépendance qu'ils propageaient dans
leur famille ; ce qui devait apporter les plus
grands obstacles à l'accomplissement des des-
seins d'une noblesse et d'un clergé qui ne prenaient même plus la peine de les dissimuler,
tant la réussite de leurs premiers essais les
avait enflés d'orgueil. La noblesse avait surtout un grand intérêt à la dissolution de l'armée, parce que l'état militaire devenait la
retraite de ces ex-officiers, si plaisamment
nommés les *voltigeurs de Louis XIV*, et la
carrière de la fortune pour leurs fils, qui en
sortant des pages ou de la maison du roi seraient passés officiers dans les corps.

Déjà beaucoup d'anciens nobles avaient
réussi à évincer des officiers *militaires* pour

se placer en attendant que leurs fils grandissent
pour les remplacer. Jamais on ne vit d'aussi
plaisantes caricatures : on pourrait citer mille
aventures comiques, fournies par ces ex-nour-
rissons de Mars, qui n'avaient d'autres services à montrer que la guerre de la Vendée,
à laquelle ils ajoutaient quelques années d'inu-
tilité passées dans les cours et dans les appartemens du château, et la campagne de l'émigration, heureux quand ils avaient à offrir
quelques mois de présence dans les camps
des ennemis de la France. L'un d'entr'eux,
M. L. C. D., dont les frères avaient à la cour
une faveur dont ils ont beaucoup *usé*, obtint
le commandement de Cherbourg par l'évince-
ment du brave général Brunon, qui avait commandé avec honneur la terrible 57e, tant re-
doutée des ennemis, et si connue de l'armée,
où elle comptait plusieurs rivales. M. L. C.
D. arrive à Cherbourg, et la garnison se ras-
semble pour le recevoir. Placé devant la ligne,
l'épée à la main, il est proclamé commandant. Il veut remettre son épée dans le four-
reau; vraisemblement que le peu d'habitude de
la tirer lui avait fait perdre celle de la remettre; il ne pouvait en venir à bout. Cet
incident, que la tournure du personnage rendait encore plus plaisant, excita le rire des
assistans. M. le général se troubla encore plus,
et tout à coup disparut aux yeux de l'état-
major : on ne savait ce qu'il était devenu; on

commençait à s'en inquiéter, lorsqu'on l'aper-
çut placé au milieu des tambours. L'adjudant-
major alla le prendre par la main en lui faisant
observer qu'il n'était pas à sa place, et il le con-
duisit à la tête du régiment. On acheva son installation, et il entra en exercice. Le retour im-
prévu des aigles l'ayant effrayé, il s'enfuit pré-
cipitamment dans un petit port voisin, d'où il
s'est embarqué pour retourner en Angleterre,
cédant la place au général estimé, qu'un décret
de l'Empereur rendait de nouveau aux braves
dont il était chéri. Parmi beaucoup de papiers
abandonnés par M. L. C. D. on trouva une
liste avec quantité de notes sur les habitans
et les militaires : il paraît qu'il s'occupait dans
ses nombreux momens de loisir du soin de
scruter les sentimens de ceux qu'il soupçon-
nait contraires à la cause qu'il servait, et Cherbourg lui offrait une abondante moisson ; c'est
une des villes de France qui a le plus souhaité
la régénération. L'opinion générale y était que
la ville et le port devaient être livrés aux Anglais, ou détruits; ce que semblait en quelque
sorte justifier l'enlèvement des canons des
forts et batteries de la rade.

M. L. C. D. G. partageait, à ce qu'il paraît,
les honorables fonctions du commandant. Envoyé de la cour pour évincer un brave officier
qui commandait un des forts, les réclamations
furent si vives qu'il fut obligé d'ajourner son
installation malgré ses deux campagnes de

Bretagne, celle de Coblentz, et les dix années
de grace que lui avait accordées le roi, ce qu'il
avait bien soin de prouver par l'exhibition
d'un état de service, dûment certifié, qui
ajoutait à la gloire du nom illustre qu'il portait. La citation de mille traits de ce genre ne
ferait qu'un petit extrait du grand nombre
que pourraient offrir les fastes de la *restauration*.

Nos lecteurs ne seront peut-être pas fâchés
de trouver ici quelques particularités sur la
manière dont on sollicitait les places dans
les bureaux particuliers des princes ; il est
à noter que ce n'était guère que les nobles,
les émigrés et les chouans qui avaient affaire
dans ces bureaux ; nous garantissons l'au-
thenticité des faits que nous allons citer.
C'était toujours à un général de la Vendée
ou de l'armée de Condé, attaché à l'un des
princes et désigné à cet effet, qu'il fallait
s'adresser. On présentait sa pétition et son
état de services, dont il prenait machinale-
ment note sur un cahier. Ah ! c'est la croix
de Saint-Louis que vous demandez ; il vous
faut quatre signatures de chevaliers. — Je
tâcherai de me les procurer. — Trois suf-
firont ; je signerai. Vous étiez avec nous
à N*** — Oui, général. — Voyez dans l'an-
tichambre s'il y a quelques chevaliers, et
priez ces messieurs de signer.

Arrivait un nouvel interlocuteur. — Général, j'ai servi sous vos ordres ou sous ceux de M. le comte B***, et je désire une pension et la croix. — Vous aurez la croix à la première promotion, et je vais noter votre pétition.

Un troisième : Général, voici ma pétition ; j'ai servi à.... ou j'étais à ... Je suis rentré en France en..... et je désirerais une place ou une pension. — On inscrivait son nom. —Avez vous de la fortune, monsieur?—Hélas! mon général, j'ai perdu la mienne au service de S. M. lorsque j'ai émigré. — Ce n'est pas moi qui suis chargé de cette partie ; c'est M. L. C. S. ; il faudra que vous alliez le trouver. Voilà le N° de votre pétition : les places sont bien difficiles à obtenir ; le roi a tant de fidèles serviteurs à récompenser ! et l'on n'ose pas encore faire trop de déplacemens : il faut attendre ; mais voyez M. L. C. S.

Un quatrième, d'un ton un peu plus leste : — Général, voici ma pétition et mes états de services. J'étais à..... J'ai vu le comte de*** et le marquis de*** : ils m'ont engagé à venir vous trouver ; ne vous ont-ils pas parlé de moi? — Non, monsieur. Que désirez-vous? — Je voudrais entrer dans la maison du roi, ou bien être attaché à l'un des princes. — C'est difficile à obtenir, parce que S. M. et les princes ont tant de récompenses à donner..... De quelle époque êtes-vous rentré en France? —En ....., général, et je suis resté dans mes terres. — Il paraît que vous avez conservé de la fortune? — Hélas! j'ai perdu la mienne au service de S. M.; mais depuis mon retour j'ai épousé une femme qui m'a apporté 15,000 fr. de rentes. — C'est quelque chose. Connaissez-vous M. le comte de *** ? — Non, général. — C'est à lui qu'il faudrait vous adresser pour la place que vous désirez. N'avez-vous pas quelqu'un pour vous présenter? — Non, général; mais je ferai des démarches. — C'est que les places sont si courues qu'il faut presque les emporter d'assaut, et ce n'est qu'à force de sacrifices que l'on réussit.

— Oh! je n'hésiterai pas à en faire, parce qu'un emploi peut me conduire loin.

— Ecoutez: venez demain de bonne heure; nous causerons, et je vous donnerai une lettre pour M le comte de ***, ou je vous y mènerai moi-même. Venez sans façon déjeûner avec moi; nous en parlerons plus à notre aise.

— Général, j'aurai cet honneur.

C'est à peu près ainsi que se passaient ces audiences; c'en était là l'esprit, et nous pourrions presque dire les paroles. Ensuite venaient les audiences publiques des princes, où l'on se faisait présenter par leurs gentilshommes, et les audiences particulières de ceux-ci, et toutes les petites intrigues de coulisses : c'est dans ces audiences particulières des gentilshommes que les preux chevaliers venaient rappeler leurs prouesses, et solliciter des protections; c'est

3

là où l'un d'eux, portant la parole pour tous,
disait à M. L. V. D. C. : « Vous voyez, géné-
« ral, que nous sommes encore assez dispos
« et prêts à *recevoir* un coup de sabre ; parlez
« à son altesse pour que nous soyons em-
« ployés : on connaît notre zèle et notre fidé-
« lité ; il est urgent de nous placer. » Nous
citerons ici un des premiers faits de la restauration, et l'on pourra juger du désordre qui
régnait déjà ; c'est à peu près en juin 1814. Un
général, justement estimé dans l'armée, sol-
licita et obtint l'assurance d'un emploi : il alla
voir le duc de B...., qui lui confirma que le
roi l'avait nommé ; et le général se rendit chez
le ministre, avec qui il n'était pas des mieux.
Le ministre (c'était alors le général Dupont) lui
dit qu'à la vérité il avait été fait une promotion,
mais qu'il n'y était pas compris. Le général lui
fait observer que le duc de B... lui a confirmé
sa nomination. — Le duc de B.... s'est trompé.
— Mais il le tient du roi. — Le roi s'est trompé ;
votre nom n'est point sur la liste. Le général
retourne chez le duc de B...., qui déjà prévenu
du changement, le reçoit avec beaucoup d'em-
barras, en lui disant que le roi était fâché de
ce contre-temps ; qu'emporté par le désir d'o-
bliger en lui un des plus braves officiers de l'armée, il avait promis plus qu'on ne pouvait
tenir, les nominations étant déjà faites ; mais
qu'à la première occasion on tâcherait de réparer le mal. Le général, outré, laissa paraître

son mécontentement en quittant le prince, et
alla aussitôt chez le maréchal *** pour lui raconter sa mésaventure. Ils se rendirent à l'instant chez le ministre, à qui le maréchal parla
dans le style le plus énergique en lui deman-
dant s'il se f...... de l'armée en changeant
ainsi les nominations faites par le roi ; et il
ajouta d'autres propos également pris dans le
dictionnaire des camps. Le ministre chercha à
s'excuser de son mieux, et, après une alterca-
tion assez violente, promit de refaire un travail
particulier pour le général, qui reçut effective-
ment sa nomination quelques jours après :
mais le coup était porté, et l'on connaissait déjà
le désordre qui régnait dans le ministère, et
dès lors la confiance s'altéra de plus en plus.

Un autre ministre un jour, dit-on, en con-
tradiction avec le roi, voulant faire prévaloir
son opinion, lui dit : « Sire, si la chose n'est
pas exécutée comme je l'ai proposée à V. M. je
remets le portefeuille. » Le roi, ajoute-t-on,
garda le silence, et l'avis du ministre prévalut.
On sait également que L. C. D. B., qui
avait un empire si marqué sur le roi, dormait
souvent en sa présence et jusque dans sa voi-
ture.

Le monopole qui se faisait à la cour est
bien prouvé ; les emplois, les titres, les
décorations, tout y était à l'encan : de *grands
seigneurs* ne dédaignaient pas ce commerce
lucratif ; mais pour garder le decorum des

intrigans subalternes étaient leurs intermé-
diaires. Le célèbre A. B. L. était généralement
connu ; il a fait une quantité prodigieuse de
ces affaires, toujours en prétendant n'agir que
pour obliger et sans aucun intérêt, la somme
exigée devant être donnée en entier, disait-il,
au premier intermédiaire. Il faisait ordinairement conseiller un cadeau de vin pour lui : il a
dû laisser une cave bien montée. Certain D. M.
M. G., intrigant s'il en fût jamais, était l'un
des acolytes du bon A. B. ; et M. L C. P.,
très en faveur près L. C. D. B., s'est aussi
fait quelques douceurs, ainsi que son collègue
L. A. B. F.

M. L. C. B. F., pourvoyeur de M. L. C. D. D.,
sait aussi combien en vaut l'aune. M. L. V.
D. B. D. connaissait bien le tarif des croix.
Certaines dames du haut parage ne dédaignaient pas non plus cette branche de commerce, réunie à certaine autre, et Mmes L.
D. D. B. C. H., L. C. D. B. G. T., L. B. D.
S. L. ont été merveilleusement secondées par
Mmes L. C. D. C., L B. D. B., L. M. D. B.,
dont les noms ne se donnaient jamais qu'en
initiales, à moins d'être fortement recommandé ; mais ces initiales seront reconnues de
bien des gens, qui ont payé cher pour faire cette
étude. Combien de personnes qui pour quelques louis se sont félicité d'appartenir à un
ordre ou à une société, et qui n'ont acheté qu'un
faux brevet, ou un faux diplôme ! Tels étran-

gers que nous pourrions nommer se croient
bien et dûment membres d'une faculté,
exercent à l'abri d'un titre qu'ils ont payé en
monnaie de bon aloi, et qui pourrait un jour
les conduire en police correctionnelle sur une
accusation de faux. M. L. D. G. en a expé-
dié plusieurs ainsi, et jamais ces messieurs ou
ces seigneurs n'acceptaient de délégation; c'é-
tait au comptant et souvent d'avance, ou dé-
posé chez des compères. Ce n'est pas exagérer
en portant à plus de cent le nombre des bureaux
clandestins où se faisait dans Paris ce commerce
infâme : il y aurait des volumes à écrire sur
ce chapitre.

Si la faiblesse du roi et les malversations de ses
ministres faisaient tomber chaque jour le crédit
royal, et, en augmentant le mécontentement
général, aliénait l'opinion de la majorité, le caractère connu des princes, leur manque d'é-
nergie, et surtout leurs défauts, étaient peu propres à rassurer les esprits par l'espoir d'un plus
heureux avenir. On connaissait leur antipathie
pour cette charte qui n'était pourtant qu'un si-
mulacre de privilége pour la nation; ils n'avaient
pas caché leur intention de l'anéantir entièrement dès qu'ils en auraient le pouvoir; action à laquelle ils eussent été vivement poussés
par les conseils de tout ce qui les entourait ;
ils attendaient avec impatience la fin du congrès et la réussite de certains projets, pour

porter les dernières atteintes aux droits de la nation.

La cessation de la guerre avait considérablement réduit les dépenses par la suppression de toutes celles qu'occasionnait le matériel de l'armée, par la réduction des corps sur le pied de paix, et par les réformes dans toutes les parties de l'administration. Les impôts étaient bien plus considérables en 1814 que l'année précédente ; on ne peut alléguer la diminution qu'a dû apporter la cession d'une partie du territoire ; elle était presque compensée par la suppression des charges et par celle des pensions des individus nés dans les pays cédés ; cependant les paiemens ne s'effectuaient point, et l'on prétendait manquer d'argent. La fausseté de cette assertion, déjà démentie par la connaissance des envois de fonds en Angleterre, fut tout à fait prouvée par l'apparution du numéraire pendant la crise. Les dépenses du gouvernement, à la vérité, étaient excessives, à cause des pensions accordées par la cour, qui s'étaient multipliées d'une manière effrayante sur les derniers temps. Il n'est personne qui n'ait eu connaissance de quelques-unes de ces pensions, que l'on accordait pour ainsi dire à tout venant, pourvu toutefois qu'ils eussent pour répondant un *fidèle* qui garantît leur attachement à l'émigration ou à la chouannerie.

Les princes, privés depuis long-temps des

jouissances que procurent le rang et la fortune,
s'en dédommagèrent avec usure, et ils déjouè-
rent singulièrement les projets d'économie
qu'avait annoncés le roi. La table seule cons-
tituait une dépense considérable au château,
qui était le rendez-vous d'une foule d'affamés,
certains d'y trouver une abondante curée, et
le gaspillage augmentait encore la consomma-
tion. Les trésors étaient épuisés pour les pensions, les gratifications des émigrés et des
protégés, pour les besoins ou les plaisirs des
princes et des favoris; des sommes immenses
furent mises en réserve par une prévoyance
qui ne fut pas inutile. On surchargea l'État par
la création d'une brillante maison, qui était le
refuge de la noblesse, et devait être la pépi-
nière des officiers de l'armée. On a vu comme
cette institution a servi pour la défense du
trône; mais ce n'était pas là son principal but:
on n'avait probablement pas pensé qu'un jour
on en aurait besoin pour cet usage, tant on
croyait ce trône affermi. La formation des régimens suisses avait contribué à augmenter le
mécontentement de l'armée. Le ridicule de la
plupart des gens de la cour nuisait encore à sa
considération; on ne la voyait pas avec plaisir
afficher une dévotion outrée; on n'aimait pas
voir la famille royale donner aux pratiques
minutieuses de la religion un temps qu'elle eût
pu mieux employer; on craignait avec raison
l'ascendant des prêtres, qui déjà, à travers

beaucoup de morgue, laissaient paraître leurs
projets. Les processions de la Fête-Dieu n'a-
vaient pas eu l'approbation générale, et l'affaire de Mlle Raucourt jeta une grande lumière
sur l'esprit du peuple ; l'éclaira sur les prétentions du clergé, et en même temps réveilla
le sentiment de sa force. Cet incident, très-
simple en apparence, eut cependant une grande
influence sur les événemens, parce que l'on
sut fort bien que ce n'était pas seulement du
curé de Saint-Roch que l'opinion publique
avait triomphé, mais encore du haut clergé et
même de la cour. Le public éclairé n'ignorait pas
que le refus du curé était appuyé d'une décision
des grands vicaires et du premier gentilhomme
de la chambre, soumise à la duchesse d'Angou-
lême, et connue du roi, qui n'avait pas voulu
paraître s'en mêler. C'est à cette occasion que,
dans le petit moment de tumulte qu'il y eut
sous les fenêtres du château, un des premiers
personnages de l'église gallicane, M. T. P. A.
D. R., donna, dit-on, le charitable conseil de
tirer sur le peuple : heureusement il ne fut pas
suivi ; cette imprudence aurait eu les suites les
plus funestes, et le pasteur évangélique n'eût
pas été le dernier à s'en repentir.

L'affaire du général Excelmans, arrivée plus
tard, jeta également une grande défaveur sur
la cour. Nous pourrions peut-être en dévelop-
per ici quelques-unes des causes, mais nous ne
voulons pas soulever le voile dont le fond de

cette affaire est couvert. Nous y vîmes avec
plaisir un général estimable présider un conseil
de guerre, qui rendit ou plutôt qui confirma
l'honneur d'un général justement estimé.

La famille royale et la cour furent de plus en
plus discréditées dans le public. La duchesse,
en recevant la députation consistoriale des
protestans avec un dédain marqué, se fit un
très-grand tort. Le mépris indécent avec lequel elle reçut un acteur célèbre, qui était
l'organe de ses camarades dans une cérémonie d'étiquette à la cour, se joignit à beaucoup
d'autres traits semblables pour lui aliéner
l'esprit de la nation, qui d'abord lui avait été
favorable à cause de l'intérêt qu'inspirait le
souvenir de ses malheurs. Son mari était peu
propre à reconquérir l'affection générale;
aucune qualité saillante n'attirait sur lui la
considération publique, que son frère, le duc
de B**, par sa conduite, éloignait encore plus
de sa personne. Son père se popularisait
assez, mais il manquait de ces grands moyens
qui enchaînent le respect et commandent
l'admiration. Le roi se montrait peu, si
ce n'est à son passage pour aller à la messe;
il était affable, et recevait bien ceux qui l'approchaient. Mais à quoi servaient de belles
paroles, si le lendemain, ou le jour même,
l'effet en était détruit par une ordonnance
injuste ou bizarre publiée en son nom? Rien
dans la famille n'offrait de dédommagement

qui pût compenser la conduite de la cour et de
la plupart des émigrés, plus dangereux encore
dans les départemens, où nombre de propriétaires de biens nationaux éprouvèrent des ou-
trages : tous tremblaient, et avec raison, de
se voir dépouiller de leurs propriétés. Les
journaux ministériels publiaient chaque jour
les articles les plus alarmans; et dans les
départemens des insinuations, souvent des
menaces, et quelquefois des actes de violence,
venaient confirmer les craintes des malheureux propriétaires. Ne vîmes-nous pas parmi
une foule d'annonces de restitutions, présen-
tées comme modèles, figurer un exemple que
l'on supposait devoir être d'un grand poids?
On nous donna dans tous ses détails la
scène d'un personnage marquant, se proster-
nant devant le roi, et lui remettant les titres
d'une terre, comme de restitution, que le roi
accepta pour la lui rendre une heure après. Il
faut lire cette relation, et alors on aura peine
à croire la réfutation qui en fut faite.

On ne pouvait douter d'intentions si ouvertement manifestées, surtout lorsque l'on en-
tendait de tous côtés les émigrés accuser la
lenteur du Gouvernement à cet égard, et ne
se consoler que par l'espoir d'être bientôt en
possession. Les actes de ce Gouvernement,
pour la plupart marqués au coin de l'injustice
ou de l'extravagance, et dont beaucoup, en

participant des deux, portaient l'empreinte de
la faiblesse, de la duplicité et de la dissimu-
lation, prouvent que l'on voulait rétablir les
priviléges de la noblesse et ceux du clergé.
Des bouleversemens dans tous les corps de
l'Etat se faisaient en vertu des ordonnances
du roi. *Les hommes de la révolution* restés
en France étaient ouvertement désignés par
les exclusions, et on ne peut révoquer en
doute l'existence des listes de proscription ;
aussi le parti nombreux de l'opposition, formé
de l'armée, des propriétaires de biens nationaux et des gens raisonnables, se tenait-il sur
ses gardes, et l'on peut être sûr qu'avant la fin
de l'année la guerre civile eût éclaté dans
toute la France.

Tous les vœux des amis de l'ordre et de la
tranquillité durent se porter vers un changement ; de tous les moyens d'y parvenir le
retour de Napoléon était celui qui offrait le
plus de chances favorables à l'empêchement
de la guerre civile ; et dès lors son retour devint généralement désiré, parce que nous
pensions qu'une année de profondes méditations lui aurait fait abjurer des erreurs qui
nous furent bien funestes à tous. La nécessité
d'un changement donna lieu à quelques réu-
nions secrètes pour déterminer les moyens
de l'opérer.

Napoléon, bien instruit de ce qui se passait
en France, et certain d'être accueilli comme

un libérateur, quitta l'île d'Elbe, et vint débarquer à Cannes avec 1200 braves , qui avaient partagé son exil et gardé le feu sacré. Ils vinrent rejoindre leurs frères, ayant à leur tête les généraux Bertrand, Drouot et Cambrone, *modèles de dévouement et de fidélité.* Le 5 mars parvint la nouvelle du débarquement de Napoléon ; ce fut un coup de foudre pour la cour, qui cependant avait reçu des avis secrets qui la prévenaient que la darse était fermée à *Porto-Ferrajo*, et que l'on y faisait des préparatifs d'armemens ; mais il paraît que l'on avait méprisé ces avis. On cacha cette nouvelle pendant deux jours, que l'on passa en consultations secrètes ; enfin on la rendit publique, et le comte d'Artois partit pour Lyon. Le roi eut la prudence de retenir le duc de Berri, dont la présence aux armées ne pouvait qu'être nuisible. Le duc et la duchesse d'Angoulème étaient partis depuis quelques jours pour une tournée dans le Midi. On leur expédia promptement des courriers ; mais le Gouvernement ne prit d'abord que des demi-mesures, soit qu'il ne voulût pas montrer de craintes, soit qu'il s'aveuglât sur le danger, ou que la frayeur eût fait tourner toutes les têtes.

La première nouvelle de cet événement, inattendu du plus grand nombre, produisit beaucoup de sensation dans le public ; il y eut les deux premiers jours une très grande

effervescence parmi tous les partis : elle s'ap-
paisa le troisième jour, et fit place à un assez
grand calme. On remarquait en général beaucoup d'inquiétude et quelque consternation,
surtout chez les indifférens. Le parti nombreux
qui désirait la chute du système restaurateur
se tint fort tranquille; pendant toute la crise
les militaires mêmes étaient assez paisibles.
Les journaux débitèrent les nouvelles les plus
absurdes, que les cotteries répétèrent avec
des commentaires, et le public était entièrement abusé; seulement un petit nombre de
personnes, sur quelques légères données,
et d'après le calcul des probabilités, fon-
dées sur la connaissance de l'esprit de l'armée et de l'activité bien connue de Napoléon, suivaient avec assez d'exactitude ses
progrès, et chaque jour déterminait le lieu
de son coucher avec l'augmentation présumée de ses forces, en dépit des extrava-
gances qui se débitaient dans tout Paris. Il
parut quelques écrits incendiaires très propres
à fomenter la guerre civile, et qui jetaient
de grandes craintes, malgré le soin que les
journaux prenaient tous les jours de nous
rassurer par le récit des succès qu'obtenait
à chaque instant la cause royale.

Maintenant, que nous avons annoncé l'arrivée de Napoléon, nous allons faire passer
rapidement le tableau de la grande crise, dans
lequel on verra les écrivains qui signalèrent

leur zèle , les volontaires royaux, et enfin la
rentrée de Napoléon au château des Tuileries.

~~~~~~

QUATRIÈME TABLEAU.

*Marche de Napoléon. — Grande Crise. —
Agonie du Trône royal. — Volontaires
royaux. — Proclamations et Placards. —
MM. S., M., B. C., etc., etc. — Départ
de Louis XVIII. — Entrée de l'Empereur
dans Paris.*

———

TANDIS que Napoléon, à la tête de son armée qui se renforçait à chaque instant, mar-
chait sur Paris , appuyé de l'assentiment de la
grande majorité des Français, et fort du vœu
de toute l'armée, la cour s'occupait de toute
sa puissance à établir des moyens de défense;
des sommes immenses furent prodiguées pendant dix à douze jours ; les plus brillantes
promesses furent faites : on employa tous les
moyens de cajolerie envers le peuple et
l'armée ; on ne parlait plus que de liberté ,
d'égalité dans les récompenses; ces émigrés ,
la veille si fiers de leur extraction , et toujours aussi ridicules, fraternisaient avec les

soldats, et beaucoup ne dédaignèrent pas de frayer avec eux. On vit des porteurs de noms autrefois illustres boire dans les cabarets de la place de Grève et autres lieux avec ce que naguère ils appelaient la vile populace. On pourrait citer MM. L. V. D. B. R , L. B. D. R., L. C. D. S. A, L. M. D. D. S , M. D. S. L., D. B., et beaucoup d'autres encore, attachés à la cour. Mille scènes plaisantes eurent lieu ; cent cabaretiers les racontent à qui veut les entendre.

La maison du roi fut électrisée : les régimens suisses ne le furent pas autant; sortis de la barrière Saint - Denis à deux heures du matin, ils manifestèrent un si mauvais esprit que l'on crut plus prudent de les faire rentrer, pour ne pas en augmenter l'armée impériale. Tous les soldats, largement gratifiés, étaient provoqués à crier vive le roi : quelques - uns cédaient; mais la nuit ils s'en dédommageaient en criant dans leurs chambres vive l'Empereur. Les habitans des maisons voisines des casernes ne pouvaient dormir par les cris répétés des militaires. Le généralissime, qui chercha, mais un peu tard, à se populariser, essuya quelques désappointemens. On n'épargna rien pour exciter le peuple ; argent, caresses, promesses magnifiques, tout fut prodigué; les écrits, les proclamations, les placards, les vociférations, tous les moyens imaginables furent employés. La cour et le parti royaliste se donnèrent des peines incroyables ; des rassemblemens eurent lieu tous les jours sous les croisées du château et au Palais-Royal ; des cris lugubres de vive le roi (proférés par qui ? nous en appelons à tout Paris qui les a entendus comme nous) frappaient continuellement les oreilles. Beaucoup de personnes paisibles furent maltraitées dans ces rassemblemens ; plusieurs y perdirent même la vie, notamment une sous les yeux du roi, alors à l'une des croisées du château. C'est à la belle conduite de la garde nationale que l'on est redevable de n'avoir pas eu des scènes d'horreur qui auraient effacé celles qui eurent lieu dans la révolution. C'est dans les jardins des Tuileries et du Palais - Royal que nous avons beaucoup entendu répéter, et souvent par des femmes, qu'il fallait faire justice des traîtres (les soldats) et des suspects (les acquéreurs de biens nationaux). C'étaient ordinairement des chevaliers de Saint-Louis et des femmes décorées de l'*ordre du lis* qui étaient les orateurs dans les groupes.

Les grands efforts de la cour et de ses partisans ne produisirent pas l'effet que l'on s'en était promis , et sur les derniers jours l'argent commençait à ne plus circuler aussi abondamment. Les listes de volontaires n'offrirent que deux ou trois mille noms, et les gens étaient payés en s'enrôlant ; mais lorsque l'on allait les chercher à l'adresse in-

diquée le nom était le plus souvent inconnu ;
beaucoup ont reçu trois ou quatre fois l'enga-
gement, qui était, dit-on, de 25 francs comptant et le reste en promesses.

Tout Paris a vu les compagnies de volontaires ; on aurait ri du ridicule de ces réu-
nions si l'on n'eût été retenu par un mouvement
de pitié.

Parmi ceux que l'on promena dans les divers
quartiers de la capitale on dut remarquer la
bande ou compagnie des élèves de l'école de
droit : sur 1700 que compte cette école, environ 400, dit-on, s'enrôlèrent ; le nombre ne
nous en parut pas si considérable, même à l'instant des revues. Cette petite mascarade (car c'en
était réellement une par l'uniforme et surtout la
coiffure bizarre qu'ils avaient adoptée ; les en-
rôlés en riaient eux-mêmes les premiers) était
pourtant ce qu'il y avait de moins ridicule dans
les *bandes royales*. Le zèle des dames royalistes avait, dit-on, beaucoup contribué à la
formation de ce corps : une autre raison peut-
être a plus fait encore ; on peut croire que ces
jeunes gens ont voulu pour la première cause
à soutenir en choisir une mauvaise pour la
perdre, la regardant comme un sacrifice qu'ils
faisaient aux divinités infernales, afin de se les
rendre favorables. Dans cette hypothèse il est
certain qu'ils ne pouvaient mieux choisir ; car
à l'instant où ils l'ont embrassée elle était réellement désespérée ; ce qui paraîtrait encore con-

firmer cette idée, c'est que leur enthousiasme
était factice.

L'école de médecine prouva aussi son dévouement à la cause royale *par une adresse* dont
les journaux ont fait mention, circonstance
que nous citons pour répondre aux élèves qui
prétendent n'en avoir pas fait ; nous en appelons au Moniteur, qui n'avait point encore le
privilége de mentir. Il y eut également une
inscription de *quatre* élèves qui s'enrôlèrent,
dit-on, pour marcher à l'ennemi ; on assure
que leurs camarades, désireux de les connaître,
ont inutilement cherché les listes. Les volontaires de l'école de droit s'étaient proposé de
venir engager l'école de médecine à s'enrôler ;
mais la députation, ayant appris que les élèves
s'étaient rassemblés pour les *accueillir*...., n'y
fut pas. Un jour que les élèves sortaient du
cours de M. Dubois deux cent·suisses, l'épée
à la main, précédés de deux tambours et suivis de trois ou quatre jeunes gens passablement
couverts et d'une douzaine d'autres assez dé-
guenillés, s'arrêtèrent sur la place, et au moyen
d'un roulement ils réunirent autour d'eux une
foule d'étudians. L'un des cent-suisses lut un
petit discours préparé pour échauffer le zèle
des auditeurs : son compagnon, s'apercevant
que la chaleur qui se propageait dans l'audi-
toire n'était pas précisément celle qu'ils dési-
raient, en avertit l'orateur, et ils se retirèrent
au milieu des éclats de rire et des plaisanteries

des élèves, que nous avons vu depuis, réunis au nombre de plus de douze cents, aller porter au château un drapeau tricolor, et le reprendre après que l'empereur y eut attaché un aigle. Ils ont manifesté en cette occasion un enthousiasme bien différent de celui que montrèrent les élèves de l'école de droit à la cause des Bourbons ; c'est que cet enthousiasme se rattache à l'amour de la patrie et part du cœur, tandis que celui des autres, qui ne se rattachait à rien, ne sortait que de la tête. Nous approuvons leur dévouement à l'empereur, et nous ne saurions trop applaudir à leur patriotisme ; l'ardeur qui les anime est un juste titre à la considération. On rapporte que lorsqu'on fit connaître au roi la conduite des deux écoles il répondit qu'il n'était pas du tout surpris de celle de l'école de médecine, dont les sentimens lui étaient connus, et qu'il applaudissait au zèle de l'école de droit.

Le dévouement de l'école polytechnique ne brilla pas d'un grand éclat en cette occasion ; les élèves, sourds à l'invitation qui leur en fut faite, ne profitèrent pas de cette circonstance pour prouver au roi leur reconnaissance pour la bonté qu'il avait eue de leur accorder à tous la décoration du lis et trois de celle de la légion d'honneur ; dont deux furent données à des jeunes gens qui n'étaient pas à la glorieuse affaire du 30 mars.

L'école d'Alfort, qui avait partagé avec l'école polytechnique l'honneur de cette belle

journée, partagea également son inaction
lors de la formation des volontaires royaux ;
cependant elles n'ignoraient pas que les *intentions paternelles* des ministres étaient de leur
accorder une *ordonnance de réformation*.
Nous ne pouvons laisser passer *l'armée royale*
sans parler de la compagnie des gardes du
roi, formée par les officiers de marine ; jamais on ne vit rien de si risible ; beaucoup
d'entre eux, qui rivalisaient de tournure avec
les *voltigeurs de Louis XIV*, avaient peut-
être commandé les galères de Louis XIII.
Certes, l'amiral Missiessy, avec un semblable équipage, monté sur une barque du
Mississipi ou sur une jonque chinoise, aurait
pu aller prendre à l'abordage les invalides de
Greenwich. C'est à la tête de ce corps qu'aurait sans doute marché Louis XVIII le jour
où il eût cru ne pouvoir mieux terminer sa
carrière qu'en mourant pour la défense de son
peuple et de sa patrie. « *Heureux le roi qui
peut guider de pareils braves ! heureux les
braves que guide un pareil roi !* »

Les invalides ne gagnèrent pas non plus
leurs fleurs de lis ; ils gardaient rancune aux
ministres qui avaient inhumainement renvoyé
un grand nombre d'entre eux pour y placer
des émigrés, des chouans, etc. (1)

---

(1) Sur mille traits nous choisirons celui-ci :

M. L. C. D. G., autrefois lieutenant de vaisseau, fut

Il y eut des volontaires de tous grades, de toutes qualités et de tous âges : de charitables dames, que le mot de conscription faisait évanouir parce qu'on avait forcé des jeunes gens de leur connaissance à s'aller battre contre leurs bons amis les cosaques, pleines d'une sainte fureur, embauchèrent des jeunes gens et des enfans de douze à treize ans, infirmes, et les enlevèrent à leurs parens, dont quelques-uns ignorent encore ce qu'ils sont devenus, et se flattent de les revoir un jour si la misère et la fatigue ne les ont pas fait périr. Animées d'un beau zèle, ces *héroïnes* vous gourmandaient hautement en public de ce que vous n'étiez pas parti pour *leur bon roi*, ou de ce que vous n'aviez pas la cocarde blanche. Plusieurs personnes faillirent être victimes de ces rencontres ; les Tuileries n'étaient pas un lieu très-agréable à fréquenter pour quelqu'un que le délire du moment ne possédait pas.

Les vaillans émigrés retrouvèrent leur ancienne bravoure ; ils se formèrent en corps, on ne sait trop où ; on reparla de plusieurs bandes oubliées, de la légion de Mirabeau, etc.

---

blessé à Quiberon, et delà passa en Amérique, où il fut encore blessé, on ne sait pas au service de qui : il devint sourd, et resta dix à douze ans à Londres, d'où il revint à Paris avec Louis XVIII, et il entra aux invalides avec le grade de chef de bataillon.

Nous terminerons par la fameuse légion
Colonel-Général. C'est particulièrement sur la
garde nationale que l'on avait compté pour
soutenir la cause des nobles et du clergé : en
effet les bourgeois de Paris, qui, en montant
la garde au château, *dans les cours et aux*
portes, avaient tous les jours l'avantage de
voir M. le vidame D. N. S., ou madame la pré-
sidente D. M. L. P. D. et une infinité d'autres
venir étaler leur nullité à la cour, soit
dans leur chaise à porteur, soit à pied, pour
peu qu'ils aimassent à rire, devaient désirer
la continuation d'un régime qui leur four-
nissait une foule de *nobles caricatures am-*
bulantes. On était devenu très poli à la cour,
et pour ne pas trop déranger messieurs les
gardes nationaux on eut l'attention délicate
de les réunir par trois légions à peu près dans
leurs quartiers respectifs ; on aurait même pris
la peine d'aller particulièrement chez tous si
l'on n'avait été aussi pressé.

Leur colonel général, naturellement très
populaire, s'était surpassé ce jour-là en les
passant en revue ; il ne tira pas de sa poli-
tesse tout le fruit qu'il en espérait. La légion du
colonel général aurait à peine formé une compagnie dans laquelle il se serait trouvé beaucoup trop d'officiers. On avait cependant entouré cette cérémonie de tout le prestige dont
elle était susceptible ; il n'y manquait que la
présence du roi ; et son frère parla aux légions

avec beaucoup de chaleur et d'onction. Il
s'adressait à des Français ; il les interpelait
au nom de l'honneur ; cent cinquante au plus ,
trompés sur la véritable acception de ce mot,
sortirent des rangs à la voix de leur chef ;
mais rendus à eux-mêmes , ils sentirent qu'il
ne pouvait y avoir d'honneur à se battre
contre des Français leurs frères ; et la plupart
d'entr'eux regardèrent comme nul l'engage-
ment inconsidéré qu'ils venaient de contracter.
On a remarqué dans cette circonstance le
savoir vivre du colonel général , qui , pour
rassurer les consciences timorées , donna sa
parole d'honneur que les listes de gardes
nationaux *dévoués* seraient brûlées. On ne
saurait porter plus loin la prévoyance , et
rien en même temps ne prouve mieux combien la cour elle - même désespérait de sa
propre cause.

C'est une justice que nous aimons à rendre
à la garde nationale ; elle est généralement bien
composée ; c'est un corps utile et respectable
qui a rendu de grands services à la France , et
qui a maintenu le bon ordre dans des circonstances difficiles ; presque tous ceux qui la composent, quelle que fût d'ailleurs leur opinion,
ont concouru au maintien de la tranquillité
publique , principal but de son institution ; et
si un jour l'ennemi arrivait sous les murs de
la capitale on verrait encore les hauteurs et
les barrières se couvrir de gardes nationaux

prêts à le repousser. Le 3o mars l'a prouvé,
quoique la trahison eût paralysé leur zèle. Les
gardes nationales des départemens ont également des droits à la reconnaissance publique ;
ces corps peuvent être considérés comme le
lien qui unit le peuple à l'armée, union qui
constitue la nation : l'armée ne doit pas se regarder comme un corps séparé du peuple ; dès
lors elle cesserait d'être nationale ; elle n'en
est qu'une partie chargée de sa défense contre
les ennemis de l'extérieur, tandis que la garde
nationale réprimera ceux de l'intérieur. Les intérêts de la nation et ceux de l'armée doivent se
confondre : celle-ci doit obéissance au souverain ; mais elle doit une fidélité inviolable et un
dévouement sans bornes à la patrie ; c'est sa dis-
culpation à l'égard du reproche qu'on lui fait
d'avoir abandonné Louis XVIII après lui avoir
juré fidélité. Elle ne pouvait servir le roi contre
la patrie : l'armée doit défendre le peuple, et
non l'opprimer ; le patriotisme doit être le
sentiment dominant chez elle, et c'est par lui
qu'elle vient de sauver la France.

Cependant Napoléon, qui avait débarqué
le 1er mars à Cannes, était arrivé le 5 à Gap ;
était entré à Grenoble le 8 ; avait couché à
Bourgoing le 9 ; et le 1o, malgré les barricades
et tous les autres préparatifs de défense, il fit son
entrée triomphante à Lyon aux acclamations
du peuple et de l'armée ; la ville fut spontané-
ment illuminée le soir. Le comte d'Artois en

était parti le matin, accompagné d'un seul
garde national à cheval (à qui l'empereur accorda depuis la décoration de la légion d'honneur.) Dès l'instant que Lyon eut reconnu la
puissance impériale et arboré le pavillon tricolore le sort des Bourbons fut décidé. L'esprit public, dans tous les pays entre Lyon et
Paris, était bien connu de la cour; il avait été
signalé contraire à leur cause dans tous les
rapports de la police secrète.

Jusque là tous les préparatifs avaient été
raisonnables, parce qu'on pouvait avoir
quelque espoir de succès; et Lyon en résistant
aurait relevé le courage du parti royaliste,
diminué la confiance du parti impérial, et pu
ébranler l'opinion de l'armée. La reddition de
Lyon devait détruire cette illusion; elle avait
décidé l'impulsion qui portait la nation, et
surtout l'armée, vers Napoléon, regardé
comme libérateur; sa mort même n'aurait pu
alors rétablir les affaires des Bourbons. Le
mouvement était décidé, et leur expulsion
devenue inévitable; après s'être aussi hautement prononcé on ne pouvait plus rétrograder.
Le faible lien qui attachait le peuple au roi était
rompu; Louis XVIII n'était plus que le roi de
son parti, et son parti l'ennemi de la nation.

En supposant qu'il eût été trompé jusque là
sur les événemens et leurs causes, ainsi que
sur la force et les moyens de Napoléon, tout
devait alors s'éclaircir pour lui; l'arrivée de

son frère devait faire tomber le bandeau : le comte d'Artois n'a pas dû tromper le roi ; le duc de Berry n'a pas dû le trahir en lui dissimulant l'esprit des troupes. Se fussent-ils abusés eux-mêmes, mais le duc de Tarente, le prince de la Moskowa, et d'autres encore que nous pourrions citer, ont dû l'éclairer sur sa position. Il est impossible de se prêter à l'idée qu'il était trahi par eux, et ils ne pouvaient s'abuser sur l'opinion de l'armée et sur celle du peuple, et ils ne lui auront pas déguisé le péril. Qui a donc pu porter ce prince, naturellement pacifique, à vouloir opposer une résistance qui n'eût été qu'une folle témérité? et lorsqu'on sut la jonction du maréchal Ney avec l'armée impériale, que dire de la formation ordonnée du camp de Villejuif, et de l'obstination du roi à rester à Paris? Imprudence qui lui eût coûté la liberté si l'on avait voulu le prendre. Certes ce n'eût pas été les détachemens de sa maison qui l'accompagnaient qui en eussent empêché; un corps de cavalerie, parti d'Auxerre ou de Melun, l'aurait rejoint si l'on avait eu l'intention de le faire. Le simple bon sens suffisait pour voir que toute résistance, une fois que Napoléon eut passé Lyon, était une folie; près de Paris elle devenait un crime. Quel était donc le démon qui soufflait Louis XVIII, et le poussait à organiser la guerre civile? Avait-il l'intention de s'en faire un point d'appui pour rester en France jusqu'à l'ar-

rivée des coalisés, et joindre ainsi toutes les
horreurs d'une guerre étrangère à toutes celles
d'une guerre intestine? Quoi! la soif de régner
l'aurait possédé à ce point! et pour conserver une couronne il eût consenti à la ruine
de la France! Celui que l'on disait le *meilleur
des rois* aurait dévasté son royaume! Que
pourrait faire de plus un tyran? C'est pourtant ce qui fût arrivé, et c'était le seul espoir
que pût avoir ce prince, qui semble justifier
cette affreuse idée par sa conduite présente
en excitant vingt rois à se conjurer pour
venir asseoir son trône sur les débris et les
cendres de la France, et l'établir souverain
d'un pays désert et dévasté! Tous les préparatifs que faisait la cour semblaient annoncer que l'on était disposé à faire la plus
vigoureuse résistance, et que l'on voulait défendre Paris, que l'on n'armait point : on ne
fortifiait pas les hauteurs ni les avenues, et
cependant les proclamations, les placards,
les discours, tout annonçait que l'on atten-
drait l'ennemi sous les murs de la capitale.

Les journaux propageaient dans le même
temps les absurdités les plus grossières sur les
difficultés qu'éprouvait partout Napoléon, et
sur les défections de ses troupes ; les royalistes
colportaient avec un zèle infatigable les nouvelles fabriquées, en renchérissant encore sur
les mensonges qui se débitaient à la cour et
dans les feuilles publiques. Entre mille faits

nous citerons celui d'un officier supérieur des gardes du corps, qui dit publiquement en sortant des appartemens, et devant une très-grande quantité de personnes, que le ministre de la guerre était venu annoncer au roi la prise du général Amey, *et qu'il avait ce général dans ses mains avec les huit cents hommes qui faisaient l'avant-garde de Napoléon*, et que le ministre avait ajouté *qu'il allait enfin se débotter pour se coucher, et que la maison du roi pouvait en faire autant ;* ce qui se répandit à l'instant dans tout Paris. Et le 18 encore les crédules jeunes gens de la maison du roi croyaient, avec les trois quarts des royalistes, que Napoléon, mis en fuite, errait dans les montagnes du Dauphiné avec quelques officiers, et peut-être était déjà tombé entre les mains de la gendarmerie. On répandit le bruit qu'un général très-distingué avait promis au roi de lui ramener son ennemi dans une cage de fer, et les gazettes dirent qu'il avait baisé la main du souverain avec un respectueux enthousiasme. Nous engageons nos lecteurs à revoir les journaux du mois de mars, du 1er au 31 ; c'est une lecture divertissante, surtout ceux de la seconde décade, si bien réfutés par ceux de la troisième.

Dès le commencement de la crise on vit éclore une foule d'écrits de circonstance, parmi lesquels on dut particulièrement remarquer les placards : rien de plus incendiaire que ceux qui furent affichés et répandus avec profusion ; rien ne prouve mieux combien la cause des Bourbons était désespérée que le peu d'effet que produisirent ces diatribes ; et cependant elles étaient pour la plupart faites de manière à devoir enflammer pour la cause royale tous ceux qui les lisaient : malgré cela elles firent très-peu de prosélytes. A la tête des faiseurs nous devons placer M. S. ; il a bien mérité cet honneur par la quantité et la qualité des siennes : *des armes et du courage ; ne le croyez pas* tiendront toujours un rang distingué dans ce genre de production ; on y reconnaît bien tout l'esprit de l'auteur, qui en a infiniment, et même au point de tromper les lecteurs en leur faisant croire que c'était sa propre cause qu'il soutenait avec tant de zèle et de véhémence.

Mais nous savons bien le contraire, et l'auteur lui-même nous fournirait dans des écrits antérieurs à ce temps la preuve qu'il n'était ni un zélé royaliste, ni un ennemi de l'empereur. On pourrait presque assurer que M. S. n'a fait qu'obéir aux ordres qu'on lui a donnés, et qu'il a voulu noblement gagner l'argent qu'il recevait pour son travail. L'espoir d'une bonne place l'a aussi, dit-on, un peu influencé ; mais la faiblesse de sa tête, ou plutôt de son cœur, a plus contribué que tout le reste à lui faire faire cette équipée que l'on pardonnerait à peine à un jeune homme. Avec de profondes

connaissances, une grande érudition, beaucoup d'esprit et un jugement qui jusque là
avait paru sain, du moins en littérature, M. S. ;
lancé dans toutes les classes de la société, était
plus que personne à même de juger de l'opinion publique, et de prévoir les événemens ;
et qui avait mieux connu que lui les défauts
du gouvernement restaurateur ? Nous en ap-
porterons pour preuve un article du Journal
de Paris, signé S., qui parut peu de jours
après la chute, et qu'à l'esprit qui y régnait
tout le monde lui aurait attribué, même sans
l'initiale qui s'y trouvait. Il est des contradic-
tions que l'on ne peut expliquer, et sa conduite
en cette occasion se range naturellement dans
cette classe.

Nous ne sommes pas entièrement disposés
à partager l'opinion de quelques personnes qui
attribuent cette sortie à un petit mouvement
d'humeur qu'a dû causer à M. S. le rétablissement du gouvernement impérial ; et voici,
dit-on, le motif de ce mécontentement :
M. S. faisait des *mémoires pour servir à l'histoire de France sous le gouvernement de
Napoléon Bonaparte ;* six livraisons avaient
déjà paru, et l'ouvrage devait aller encore
plusieurs années, de sorte que l'auteur, pi-
qué d'un retour qui faisait manquer cette spé-
culation, aurait, dans un accès de colère,
saisi la plume pour combattre l'ennemi de son
intérêt. Cette raison, en supposant qu'elle
existât, n'aurait pu porter un homme sage à

une telle démarche, parce qu'avec le talent
flexible que possède M. S. il aurait pu faire
quelques cartons à son ouvrage pour les premières livraisons, et achever le reste dans
l'esprit qu'il avait avant cette funeste *restauration*. Qu'en est-il résulté? Que chacun a jeté
la pierre à notre auteur, et que des gens qui
avaient vu, disaient-ils, M. S. porter dans la
révolution un bonnet rouge avec un sabre
pardessus une soutane, trompés peut-être
par la ressemblance des noms, auront pensé
que c'était le même M. S. dont nous parlons
ici, et qu'ils auront également confondu avec
quelqu'un du même nom qui recevait, dit-on,
tous les ans dix mille francs de la police
pour des travaux que l'on ne nous a pas fait
connaître. Tout ce que nous pouvons assurer
c'est que M. S., l'auteur de ces bagatelles, a
écrit autrefois à la louange de l'empereur
Napoléon. Des personnes dignes de foi di-
sent qu'il passe pour *un excellent parent,
un bon ami, d'un caractère fort obligeant,
et qu'il est un fort honnête homme, à qui,
ajoute-t-on, l'idée d'une guerre civile en
France suffit pour causer du chagrin*. Il est
des instans dans la vie où le plus sage s'oublie:
plaignons M. P., qui avec tout son esprit
n'a pu éviter cet écart, et en faveur de son
talent pardonnons un moment d'*erreur* à
celui qui sut combattre si éloquemment les

préjugés. Puisse cette erreur lui être une pro-
fitable leçon !

M. B. C. nous donnera sans doute quelques
variantes pour un article inséré dans le Journal de Paris le 11 mars 1815, et dont, *par des
circonstances indépendantes de la volonté de
l'auteur,* la publication fut retardée de trois
jours. Il voudrait bien aujourd'hui qu'elle
l'eût été de trois mois, ou au moins de trois
semaines; mais, comme l'a dit le bon Mon-
taigne : *Ce qui est fait est fait, et ne peut se
défaire.* Il paraît au moins que cela peut se
raccommoder.

Le même journal fournit encore quelques
articles un peu forts dans ce même genre;
malgré ces taches on ne peut nier que le Journal de Paris n'ait été réellement un journal
d'opposition sous le règne royal; il a soutenu
les droits de la nation avec courage, et on pourrait citer beaucoup d'articles vraiment patriotiques.

Il a généralement été regardé comme libéral, spirituel et gai par nature, malgré les
efforts de ceux de ses rédacteurs qui cherchaient à changer son caractère, et auraient
voulu le faire passer pour être plus royaliste
que le roi lui-même.

Nous ne pouvons parler des placards sans
citer celui de M. M., affiché dans un moment
où il n'était plus permis de rien attendre en
faveur de la cause royale; on ne pouvait avoir

d'autre espoir que celui de retarder le départ
des Bourbons par l'organisation d'une guerre
civile qui eût achevé la ruine de la France.
Nous regrettons qu'un homme d'esprit tel
que M. M. se soit laissé entraîner à une démarche qui ne donnerait qu'une faible opinion
de sa sagesse et de sa prudence. Nous regrettons également d'avoir lu dans le feuilleton
du Journal de Paris, 11 janvier 1815 :

« Louis XVIII venait voir Castor et Pollux ;
« le *meilleur des frères* assistait au combat
« généreux de l'amitié fraternelle. Oh! si le
« ciel eût pu combler ses *souhaits pieux,*
« nous eussions vu se réaliser la fable atten-
« drissante du paganisme.

« Oui, notre roi eût consenti à se priver
« pendant six mois du doux tribut d'amour
« d'une nation sensible et reconnaissante,
« pour l'offrir à un frère si digne de le rece-
« voir, et le peuple, doublement heureux,
« confondant le présent avec l'avenir, n'eût
« jamais cru changer de roi.

« Faut-il parler des applaudissemens, des
« cris de tendresse et de joie? Heureux le roi
« qui règne sur un bon peuple! heureux le
« peuple sur qui règne un bon roi! » Nous
le demandons à M. M. lui-même, n'est-ce là
qu'une simple louange méritée? et l'auteur
n'aurait-il pu trouver le moyen de dire quelque chose de flatteur pour le monarque
sans pousser si loin l'adulation? Et que dirait

5

M. M. si entre son délirant placard et ce petit
compliment couleur de rose on glissait certaines pièces de sa façon à la louange de Napoléon ? Parmi les insensés qui se sont fait afficher,
crier ou chanter il en est quelques-uns que l'on
pourrait citer ; par exemple l'auteur de la
Chasse au Loup mériterait bien une mention
particulière.

Mais pour la plupart ces brandons de discorde, ces porte-torches, qui voulaient organiser une guerre civile en France, étaient des
êtres absolument ignorés. Nous ne citerons
que deux noms ; un M. E. P. D. V., frappé
d'un accès de frénésie, qui lui faisait crier qu'il
était le seul Français. (Les dieux nous préser-
vent d'en compter beaucoup de semblables !)
Ce Français-là pourrait fort bien avoir fait ses
premières armes sous les Stofflet, les Georges
et les Charrette. Jusqu'ici pourtant son nom
nous avait parfaitement échappé. A côté de cet
inconnu nous placerons le célèbre A. F., qui
aurait beaucoup gagné à n'être pas plus connu
que son accolyte. Dirigé par un puissant du
temps, nous vîmes ce forcené nous régaler
périodiquement de diatribes virulentes, qui
ajoutaient chaque jour à la honte de l'auteur sans trop servir les intérêts de l'insti-
gateur. Toutes ces vociférations et l'obstination
que montrait la cour à ne pas s'éloigner
donnaient quelques craintes aux gens raisonnables. Le roi, poussé par un esprit de ver-

tige inconcevable, allait-il réellement provo-
quer à la défense, et sacrifier le petit nombre
de fous et d'imbécilles qu'avaient séduits des
promesses inconsidérées ou perfides, faites en
son nom pour les engager à servir sa cause?

Louis XVIII dans une séance royale à la
chambre des députés fait un discours *su-*
blime, dans lequel il promet d'aller mourir
à la tête de l'armée ; et nous voyons le comte
d'Artois pour la première fois reconnaître
la charte, et jurer au nom de toute la famille
de lui être fidèle. La publicité de cette séance
redouble encore l'enthousiasme des partisans
de la cause des Bourbons ; ils sont donc sans
crainte puisque l'ennemi approche et que l'on
jure d'aller combattre ; néanmoins la prudence avait déjà fait prendre quelques mesures ; le dimanche 12 mars les domestiques
du château avaient reçu chacun une gratifi-
cation avec la permission de sortir toute la
journée ; il ne resta que ceux désignés, et
l'on emballa les objets les plus précieux. Le
lendemain les diamans furent enlevés et par-
tirent de suite, dit-on, pour l'Angleterre ;
on nomme Mme M., L. C. D. B., L. P. D. B.
et L. W. comme les personnes qui s'en char-
gèrent ; et peu après la séance du 16 L. D. D.
partit pour Péronne avec plusieurs voitures
et quelques fourgons chargés. Aux yeux des
gens sensés le départ du roi ne fut plus un
problème ; mais pourquoi continuait-on toutes

les clameurs et organisait-on une guerre
civile ? On ne pouvait plus s'abuser sur les
progrès de Napoléon ; tous les *affidés* éva-
cuaient les villes à mesure qu'il avançait, et
ils se reployaient sur Paris, où ils apportaient
tous les jours des renseignemens exacts sur
ses progrès, ses forces et ses moyens d'augmentation. Enfin, le roi dont tous les préparatifs étaient faits, malgré l'abandon de
quelques objets, dû probablement à la négligence d'un domestique ou au trouble du
moment, partit le 20, ainsi que son frère et
le duc de Berry ; ils furent suivis d'une partie
de leur maison militaire. Le reste avait été
licencié ou s'était retiré la veille.

Louis XVIII partit à 1 heure du matin,
et à 2 heures après midi le pavillon national
flottait sur les Tuileries, la colonne de la
place Vendôme et sur les tours Notre-Dame ;
et le même soir, à 8 heures et demie, Napoléon entra dans Paris, et se rendit aussitôt
au château dans ses appartemens. En 20 jours,
dont 2 de repos à Lyon, il avait franchi,
avec ses fidèles de l'île d'Elbe, les 250 lieues
qui séparent Cannes de Paris, où il est arrivé
sans qu'il y ait eu un coup de fusil de tiré.
Ce retour semble un prodige ; la cause s'en
trouve naturellement dans le mécontentement
général qu'avait excité le gouvernement *pa-*
ternel et restaurateur.

Nous venons de voir le tableau des folies

de la restauration jusqu'à l'arrivée de Napoléon; nous allons maintenant montrer quelques acteurs de ce fameux mélodrame.

~~~~~~

CINQUIÈME TABLEAU.

*Les Ecrivains, MM. C., A. B., etc. — Les
Journaux. — Galerie de Portraits.*

———

La cour, qui avait adopté, comme elle nous
l'a prouvé par toutes ses actions, le projet
de tout remettre sur l'ancien pied, trouva de
grandes difficultés à cause des lumières qui s'é-
taient répandues dans toutes les classes de la
société : en éclairant sur les abus des anciennes institutions elles devenaient un obstacle
à leur rétablissement. On voulut ramener l'o-
pinion au moyen d'écrits rédigés dans un sens
favorable au plan que l'on avait arrêté ; on
soudoya une foule d'écrivains mercenaires,
et la France fut inondée de pamphlets, dont le
but, plus ou moins bien déguisé, était de nous
ramener sous le joug du fanatisme et de la
féodalité. Parmi les écrivains dévoués qui ven-
dirent ou prêtèrent leur plume à cette noble

cause on doit principalement distinguer M. C.,
qui mérite le premier rang par son talent et par
le zèle ardent qu'il manifesta : il débuta dans
la carrière par un fameux écrit, dont la première partie est un libelle affreux dans lequel
on se refuse à reconnaître l'auteur du *Génie
du Christianisme*, *d'Atala* et d'autres productions estimables. Aucun frein n'a retenu la
plume de l'écrivain; ni convenances, ni pu-
deur n'ont pu l'arrêter; les fausses assertions,
les injures et les vociférations ont été prodiguées par une fureur insensée au même
homme que M. C. avait loué précédemment.

On pourrait peut-être pardonner quelque
chose à l'auteur s'il pouvait apporter pour
excuse que dans un moment d'humeur il a été
entraîné par un esprit d'indépendance qui
devrait être l'apanage de l'homme de lettres,
et par un caractère républicain trop fortement
prononcé, et encore eût-il fallu y mettre de
la justice et de la modération; mais ce même
écrivain, qui vient, nous osons le dire, de salir
sa plume par des expressions que la décence
et l'honneur réprouvent également, la pros-
titue à l'adulation la plus basse et la plus ser-
vile envers un prince qu'il élève jusqu'aux
nues dans un pompeux éloge, qui devient
ridicule à force d'être outré. Ce pamphlet fut
accueilli avec enthousiasme dans certaines
coteries; mais il n'en fut pas de même
chez ceux que l'esprit de vertige n'avait pas

gagné, et qui voulurent se rappeler ce que
M. C. avait écrit à diverses époques à la
gloire de Napoléon et en faveur de la philoso-
phie. Il n'y eut qu'une voix parmi les gens
sensés sur son compte : on convint qu'il venait de traîner son talent dans la fange, et
dès cet instant il perdit considérablement dans
l'estime publique. Bientôt il porta la dernière atteinte à sa réputation par les réflexions
inconsidérées dans lesquelles il prétendit ré-
futer ce vigoureux Mémoire qui, en frappant
le système désorganisateur de la restauration,
l'ébranla jusque dans ses fondemens, et en
prépara la chute. M. C. s'arma de tous ses
moyens; il voulut éblouir par la magie de son
style brillant, et il débuta par trois sophismes
qui enchantèrent les partisans de la cause qu'il
défendait, et leur firent crier victoire; mais
ces cris de joie ressemblaient beaucoup aux
Te Deum que nos ennemis ont souvent chan-
tés pour cacher leurs défaites, et que quelquefois nos soldats vainqueurs venaient inter-
rompre. M. C. ne pouvait que succomber
dans cette lutte inégale où tout était contre
lui; le tour des phrases sonores et le choix
des mots à grand effet, artistement placés, ne
pouvaient soutenir son écrit, vide de sens et
dénué de vérité, contre ce Mémoire, également
fort de style et de choses, et plein de vigueur et
de raisonnement. Dans le premier on voit un
esclave servilement dévoué aux volontés de son

maître, dont il flatte les passions et les caprices, et l'autre au contraire nous montre un
courageux citoyen s'exposant à tout pour pré-
server sa patrie des maux qui la menacent; il
oppose vingt-cinq ans d'une conduite politique irréprochable et sans aucune déviation,
qui lui a mérité l'estime générale, à toute la
faveur dont jouit son adversaire, qui ne peut
faire oublier que la réfutation complète de son
nouveau pamphlet se trouve dans ses propres
écrits. Aussi, malgré le soin qu'eut M. C. d'attaquer les côtés faibles de son adversaire,
perdit-il sa cause au tribunal de l'opinion.

Un trait qui peut bien servir à faire juger les
sentimens de Louis XVIII à l'égard des droits
de la nation, c'est ce mot qui lui échappa
après la lecture de l'écrit de M. C. : « Il serait
à désirer que tous les Français pensassent
ainsi; » et l'empressement qu'il mettait à
demander à ceux qui l'approchaient : — Avez-
vous lu les réflexions de M. C. ? C'était bien évidemment approuver les principes de cet ouvrage anti-libéral, principes que Louis XVIII
à trop souvent manifestés pour qu'il soit permis de douter qu'ils fussent entièrement les
siens.

C'est dans cet écrit que M. C. dit que
Louis XVIII pouvait punir, qu'il en avait
le droit et la puissance, et que c'était à sa
seule clémence que nous devions le généreux
pardon qu'il accordait aux auteurs de la ré-

volution. Mais ce prince n'y avait-il pas également contribué, et n'était-il pas revenu entouré des principaux fauteurs de cette révolution ? M. C. dit à ce sujet : Le roi *est fort*, *très fort :* il aurait dû ajouter *même excessivement fort ;* cela eût augmenté l'effet, auquel il vise continuellement. On a généralement remarqué que ses ouvrages sortaient de sa tête, et non de son cœur. Avec beaucoup de talent il a cherché à se faire une réputation ; il a pensé qu'il fallait prendre une route nouvelle, et les sujets chrétiens étant abandonnés, il s'en est emparé : ils convenaient d'ailleurs parfaitement à la tournure de son style pompeusement emphatique.

Il a peut-être moins de foi au christianisme que beaucoup d'auteurs profanes que nous pourrions citer : cette assertion est prouvée à chaque page de ses ouvrages pour ceux qui voudront les lire avec attention et sans partialité : mais il fallait éblouir et surtout plaire aux gens d'un certain ton, pour qui la messe redevenait une mode. Voilà ce qui nous a valu les plus belles productions de M. C., à qui l'on ne peut d'ailleurs sans injustice refuser un rang distingué dans la littérature. Pour effacer tous ses rivaux il ne lui aurait peut-être fallu que rencontrer un sujet dont il eût été bien pénétré. Beaucoup de personnes désireraient qu'il s'occupât d'un traité sur le désir de se faire une renom-

mée, et sur les moyens d'acquérir des richesses
aux dépens de la raison, du bon sens.... nous
ne voulons pas ajouter de l'honneur.

Beaucoup d'autres écrivains exercèrent à
l'envi leur plume pour faire rétrograder les
lumières : on aurait voulu nous ramener à la
barbarie des siècles passés, afin d'asseoir
d'une manière inébranlable le système féodal
et fanatique, seul objet des vœux d'une cour
insensée qui s'aveuglait sur ses propres intérêts. Nous ne citerons ici ni les écrivains
qui voulurent soutenir cette cause, ni les
écrits éphémères dont ils ont inondé Paris
et les départemens ; nous ne parlerons que
du *libelle - histoire* dans lequel on outrage
à chaque instant la nation pour préconiser
ceux qui voulurent l'asservir, et les étrangers
qui les aidèrent dans cette noble entreprise.
Nous ne connaissons pas d'écrit qui puisse
mieux prouver combien Louis XVIII était peu
désiré que l'ouvrage de M. A. de B., lu avec
réflexion. L'auteur, dans une foule de faits
qu'il tourmente de son mieux pour les adapter
à sa manière de voir, finit presque toujours,
aux yeux du lecteur impartial, par démontrer
le contraire de ce qu'il avance ; toutes ses
assertions ne reposent que sur les rapports,
les bulletins, les proclamations, ordres du
jour et autres documens des étrangers, alors
en guerre avec la France : mais malgré tous
ses efforts il ne peut abuser que les esprits

déjà prévenus en sa faveur. Cette production anti-française est tellement réprouvée par la vérité que les étrangers eux-mêmes reconnaissent l'infidélité des récits sortis de la plume vénale de cet écrivain ennemi de son pays.

La plupart des journaux secondèrent de leur mieux les pamphlétaires, et la nouvelle doctrine se propagea, sans pourtant produire d'autre effet que de corroborer la foi des *croyans*, mais sans faire beaucoup de prosélytes. Nous ne devons pas oublier la Quotidienne, plus connue sous le nom de *Nonne sanglante*. Vertubleu, quelle commère ! comme elle y allait ! Il est hors de doute que ses gentillesses eussent produit un effet merveilleux si elle eût été un peu plus répandue dans le monde ; mais, renfermée dans l'intérieur de son cloître, elle n'était guère connue au-dehors que de réputation ; elle n'était fréquentée que par un petit nombre de sectaires et par quelques courageux individus qui pouvaient surmonter l'ennui de son parloir. A côté de cette *illuminée* doit se placer madame la Gazette de France, vieille coquette dont les caquets tant soit peu malins ne couraient dans la société que par tradition. Elles héritèrent toutes deux de leur infortuné parent feu sieur Journal Royal, qu'une mort cruelle et prématurée ravit à sa famille et au monde, dans lequel il avait peu vécu.

Le Moniteur était officiel et ministériel depuis le titre jusqu'au nom de l'imprimeur. Dans le Journal Général, dans celui des Débats les rédacteurs les plus sages luttaient contre les plus fous avec des succès variés, et le bon sens triomphait quand il pouvait. Le Mercure, entièrement affaibli par sa caducité, continuait toujours à radoter, mais sans conséquence.

Dans ces jours de ténèbres parurent pourtant quelques écrits patriotiques; à leur tête se place naturellement le Mémoire de ce vertueux citoyen, qui, dans tous les temps, dans tous les bouleversemens, n'eut jamais qu'un seul sentiment politique; l'amour de la patrie. Ce Mémoire lumineux fut le phare qui nous guida dans cette tempête qui menaçait d'engloutir notre liberté : la lecture de cet ouvrage électrisa tous les cœurs français, et, en nous éclairant sur nos droits, nous rendit le courage, que tant de désastres semblaient nous avoir ravi. Dès cet instant la cause de la féodalité fut perdue, et nous nous ralliâmes sous l'étendard de l'indépendance. En vain un gouvernement soupçonneux, inquiet de l'effet que cet écrit produisait sur l'opinion publique, employa-t-il toutes les ressources d'une police inquisitoriale pour en dérober la connaissance; il continua à se répandre au moyen de copies manuscrites, dont il fut fait une quantité prodigieuse. L'enthousiasme avec lequel on cherchait à se les procurer et à les propager

devint aux yeux des gens sensés le présage
assuré de la chute de la restauration, et dès
lors nous marchâmes à grands pas vers cet
instant désiré. Tout semblait contribuer à
l'accélération de ce mouvement, jusqu'au
parti contraire, qui ne tira aucun profit des
avis que contenait cet ouvrage, qui en éclairant toute la France semblait, par la grande
lumière qui en jaillissait, avoir ébloui les partisans des ténèbres, et ils ne prirent d'autres
mesures que celles qui devaient hâter le retour
de l'ordre.

Nous n'étions pas sans crainte sur le sort
de l'écrivain ; nous pensions bien que l'autorité n'aurait jamais osé attenter publiquement
à sa sûreté ni à celle des autres patriotes dont
le caractère énergique se faisait craindre d'une
cour qui voyait en eux le plus grand obstacle
à la réussite de ses machinations ; mais des subalternes pouvaient agir sans ordre, et plusieurs exemples arrivés sous nos yeux étaient
peu propres à nous rassurer. La prudence a
sans doute retenu des bras prêts à exercer
une vengeance que l'on sait bien aujourd'hui
n'avoir été qu'ajournée. Il parut publiquement
d'abord quelques écrits moins saillans, con-
çus dans le même sens. La censure en arrêta
un grand nombre, mais il en circula quelques
fragmens.

Des plaisanteries se répandirent dans toutes
les classes de la société, et la cour, à la vérité

assez singulièrement composée, fut accablée
des traits du ridicule. Le Nain Jaune, qui
s'est dit avec raison *le Nain Français*, mania
cette arme avec le plus grand succès et avec
une hardiesse qui allait jusqu'à la témérité, et
qui nous a souvent fait trembler pour lui.
On ne saurait montrer plus d'esprit et dé-
ployer plus de courage que n'a fait ce ma-
licieux personnage, qui, sans autre bouclier
que la charte en lambeaux, osa lancer ses
flèches acérées sur les puissans d'alors.

Avec une couleur plus sombre se présentait
le sévère Censeur, qui combattit avec beaucoup de courage pour le maintien des droits
de la nation : le ton sérieux qu'il avait adopté
ne lui permettait pas souvent la plaisanterie,
et la nécessité de remplir un gros volume le
forçait quelquefois à insérer des morceaux qui
laissaient à désirer, et jetaient quelque mono-
tonie sur le caractère de l'ouvrage, constamment écrit dans un sens libéral, et contenant
souvent des articles forts de style et de choses.
Pourquoi faut-il qu'une crainte trop funeste
à leur gloire ait forcé ses éditeurs à s'écarter
d'une si belle route en publiant un ouvrage
si différent des principes qu'ils avaient pro-
fessés jusqu'alors! Mais cette faiblesse ne doit
pas nous faire oublier les obligations que les
amis de l'ordre et de la tranquillité doivent
aux courageux auteurs de cet ouvrage célèbre,
qui osa porter le flambeau de la vérité sur les

machinations ténébreuses de cette cour, dont les sinistres projets ont été si bien dévoilés par lui et par son spirituel auxiliaire.

Terminant ici l'article des écrivains, nous allons actuellement offrir l'ébauche des portraits de quelques-uns des acteurs qui ont figuré dans le mélodrame de la restauration.

L. P. D. C. L., peu connu d'abord, mais doué de quelques talens, crut avoir trouvé une occasion de se signaler ; il pouvait en effet jouer un assez beau rôle s'il y eût mis plus de modération : il eut un éclat momentané, et la gloire qu'il prétendit avoir acquise lui fut contestée. Où quelques-uns voulurent voir un citoyen courageux, les autres ne virent qu'un factieux. Il eut une grande faveur sous le gouvernement *paternel*. On pensait qu'avec le caractère entreprenant qu'il avait montré, et l'esprit d'indépendance qu'il avait affiché il se ferait une belle réputation par une opposition vigoureuse : il ne se fit remarquer que par l'assentiment qu'il donna à tous les actes de l'autorité royale, dont il se montra le complaisant très-soumis, rôle qu'il ne quitta que pour aller la torche en main chercher à allumer la guerrre civile dans sa patrie : brandon de discorde, il a par ses dernières actions irrévocablement fixé l'opinion publique sur son compte. L'inconséquence de sa conduite éclaire sur la fausseté de ses principes, et justifie pleinement l'accusation portée contre lui en

1813 pour ses intrigues avec le parti royaliste, qu'une correspondance interceptée dé-
voila au souverain, qui n'usa point envers lui
du droit qu'il avait de faire punir un traître.

L. M. D. B., qui paraissait entièrement dévoué au souverain, dont il a tant de fois reçu
les bienfaits, qui tenait de lui, sinon *l'honneur*, du moins la considération dont il était
entouré, cet homme, dont l'or était le premier
mobile, à la vue de ce métal séducteur trahit
son bienfaiteur, et ajoute la honte du crime
à celle de ses fautes passées. Servilement
dévoué à la cour qui l'a acheté, nous le
voyons investi d'une confiance qu'il eût encore trahie si on eût daigné lui faire des offres.
Furieux de voir s'écrouler un système qui devait être pour lui une mine féconde et répara-
trice de ses désordres continuels, il signala
les derniers instans de sa puissance par une
rage dont il regrette de n'avoir pu laisser de
traces plus profondes : on le vit la torche
d'une main et le poignard de l'autre exciter
les fureurs de celle qu'on nous avait peinte
comme un ange de douceur et de bonté ;
et, secondant les efforts d'un rebelle, comme
lui traître et factieux, il faillit causer la
ruine d'une des premières cités de l'empire. Il vient à force d'infamie de couvrir
la honte de ses premiers déréglemens. Sa
fuite, en le dérobant au glaive de la justice,

nationale, le livre à l'opprobre et au mépris.

L. M. P. D. M. paraît avoir apporté la
prudence et la dignité convenables dans l'exercice de ses hautes fonctions.

M. L. M. D. L., membre d'un corps illustre, est d'une prudence consommée et
d'une flexibilité d'opinion peu commune ; pour
faire son portrait ressemblant il faudrait un
très grand talent, parce que chez lui tout est
demi-teinte ; il n'y a pas de ton prononcé. Nous
esquisserons un simple trait de notre modèle,
qui ne se montre d'ailleurs presque jamais
que de profil.

Certain jour de printems qu'il promenait
ses rêveries près de l'un des monumens de
notre gloire nationale, tout à coup parurent
quelques Tartares : tous les spectateurs trem-
blèrent pour notre héros, qu'une cocarde tricolore et un ruban bleu signalaient à la fureur
des barbares. Lui seul, rassuré par son courage, les attend de pied ferme, n'ayant
d'autre bouclier qu'une cocarde blanche qu'il
vient de substituer à la sienne, et un ruban
blanc qui a remplacé le bleu qu'il a caché
sous ses pieds : à ce signal déjà connu et
respecté des cosaques les rangs s'ouvrent, et
il continue sa promenade. Des cris de *vive
l'empereur* ayant frappé son oreille, la couleur royale disparaît en un clin-d'œil, et un
nouveau cordon bleu remplace le blanc aux

yeux des observateurs déjà témoins de sa
première métamorphose : des cris différens
amenèrent un nouveau changement de décoration ; et notre protée, au moyen de
ses transformations à vue, parcourut sans
danger les différens groupes qu'il rencontra.
C'est en traversant ainsi la révolution qu'il
était arrivé à ce jour mémorable. Le soleil
en achevant sa course annuelle nous ramenait
un nouveau printems, lorsque le retour de
l'aigle lui présenta une occasion de signaler
encore sa *vaillance*. Il allait peut-être par
un discours pompeux effacer de fâcheux souvenirs, lorsqu'un rival audacieux et malin
lui ravit la parole, et notre Démosthène
s'éclipsa : il est, dit-on, de retour, trompé
dans son attente, *honteux et confus, ju-
rant, mais un peu tard, qu'on ne l'y pren-
dra plus.*

M. L. C. D. B., cet homme cupide que
le hasard avait placé dans un rang élevé, et
qui n'a montré aucune des qualités qui en
rendent digne, ne fit..... Mais la nation
française lui a de grandes obligations, et la
reconnaissance nous impose la loi de renoncer
à tracer son portrait, que la vérité ne nous
et pas permis de flatter, et dont la ressemblance aurait peut-être épouvanté. Nous l'a-
bandonnons ; mais il faut que la France s'ac-
quitte envers lui, et nous proposons à cette
fin l'érection d'une statue de bronze, grandeur

héroïque , avec les attributs convenables et cette inscription :

LA NATION RECONNAISSANTE

à

M. L. C. D. B. ,

qui par son ineptie sauva

LA FRANCE.

On pourrait à côté en élever une à M. A. F. D. D. B. , qui l'a bien autant mérité par ses turpitudes.

L. M. M. D. D. T. ne paraît pas avoir envers l'honneur des torts irréparables : placé comme beaucoup d'autres dans des circonstances difficiles , il a voulu ménager en même temps les intérêts de sa fortune et ceux de sa gloire, ce qui était difficile. Un événement désastreux , fruit d'une horrible trahison, faillit, en le compromettant, devenir bien funeste à sa réputation dans l'aurore de la restauration , et sur le déclin il manqua également d'être victime d'un dangereux honneur.

L. M. M. D. D. C. montra peut-être un attachement trop grand pour une cause qui n'était pas la sienne. Si dans toutes les actions d'un homme d'honneur le soin de sa fortune doit toujours être sacrifié à celui de sa gloire, il est surtout des cas où l'oubli de ce principe lui devient doublement funeste; c'est lorsqu'en obscurcissant sa réputation il sert en même temps des intérêts contraires à ceux de

la patrie, et ceux de la cour étaient évidemm-
ment subversifs de tout ordre et de toute
justice.

L. G. C. M. avait acquis une assez belle réputation, qu'il gâta un peu dans l'aurore de
la restauration. Ce tort pouvait se réparer; il
avait à conserver sa fortune et son honneur:
on lui a peut-être promis l'une; mais qui lui
rendra l'autre? Aurait-il fui pour se dérober
à la honte? C'est un mauvais moyen d'y échapper que l'infamie, et c'est le sort qui lui est
réservé s'il ose servir contre sa patrie, et combattre ceux qui lui ont aidé à acquérir une
gloire déjà obscurcie, et qu'il va perdre entièrement.

M. D. C. D. F., dont le nom, très connu,
se trouve attaché à la plus grande partie des
hautes folies de la restauration, passait pour
un homme de mérite. Une réputation d'un
jour, ensevelie plus de vingt ans dans la poussière de l'oubli, en fut retirée, et le porta au
premier rang. Il fit des discours que l'on disait très sages; il fit des actions qui parurent
très folles. Il est rentré dans l'obscurité,
probablement pour n'en plus sortir. Il faudrait
le plaindre encore plus peut-être que le blâmer, car on lui prête de bonnes intentions,
qui eurent un effet contraire: l'esprit de vertige l'avait gagné comme les autres.

L. M. M. D. D. T. L'honneur et la probité
auraient-ils cessé d'être la règle de ses de-

voirs? un funeste exemple aurait-il influé sur
sa conduite? Non; une trompeuse illusion,
une erreur passagère ont pu l'entraîner dans
quelques fausses démarches; mais il n'a pu
oublier ce qu'il devait à sa gloire; ses erreurs
elles-mêmes, soit dans les conseils, soit dans les
camps, portaient encore un certain caractère
de grandeur, et la nation ne pourra jamais oublier des services qui suffiraient pour le faire
excuser lors même que l'avenir ne le justifie-
rait pas entièrement.

M. B. P. D. P., qui avait été particulièrement attaché à la cause impériale, la déserta,
on pourrait presque dire avec armes et ba-
gages; car, s'étant jeté dans le parti de la cour,
il déploya un très grand zèle, ouvertement
manifesté et secrètement prouvé, dit-on, par
une foule de révélations que lui seul pouvait
faire. Il a suivi son nouveau patron, qui fera
bien de garder ses secrets, s'il le peut, attendu qu'il ne serait pas prudent de les con-
fier à la discrétion de celui qui a pu trahir une
fois, dont il est raisonnable de se défier, tant
est vrai le trivial adage *qui a bu boira.*
Son dévouement avait été assez bien récom-
pensé par un emploi brillant : sans doute que
si la *restauration* pouvait se *restaurer* on lui
en donnerait un autre, le seul au-dessus de
celui que l'on venait de rétablir pour lui, et
qu'il a été forcé de quitter après en avoir joui
si peu de temps.

M. L. B. D. D. D. M. , courtisan très-assidu
de la cour impériale. Des louanges, par fois
trop outrées, lui attirèrent quelques mortifi-
cations, qui ne diminuèrent pas le zèle dont il
était animé. On pensait généralement qu'il ne
pourrait survivre à la chute d'un régime auquel il paraissait aussi fortement attaché. Il en
mourra, disait-on, de chagrin et de langueur
dans un coin écarté, où il ira porter sa douleur et ses regrets; et déjà il était presque oublié lorsqu'on le vit reparaître en public. Quel
est donc, demandaient quelques étrangers,
ce militaire que nous voyons suivant ou guidant les pas d'un éminent personnage? C'est
sans doute quelque émigré rentré pour se *res-*
taurer, et faisant vivement sa cour pour obtenir quelques indemnités pour la perte de
sa fortune, ou qui cherche à faire placer ses
enfans? Non : ce militaire que nous avons
toujours vu *très civil*, riche et sans enfans,
n'a rien à réclamer, et peut se passer des bienfaits de la cour; c'est M. L. B. D. D. D. M.
Comment! lui qui devait tout à Napoléon a
pu le trahir et l'oublier! Il ne l'a point trahi;
il continue d'exercer ses fonctions avec honneur et probité comme par le passé; et, en
préférant sa place aux douceurs de la vie pri-
vée, qui eût été également favorable à l'homme
et à sa réputation, il paraît n'avoir eu d'autre
but que de satisfaire l'habitude de courtiser,
qui est, dit-on, devenu un besoin indispen-

sable pour lui. Il n'a pas oublié son bienfaiteur ;
il se plaît à répéter hautement qu'il lui doit une
juste reconnaissance , et il est du petit nombre
de ceux qui , occupant des emplois marquans
sous le gouvernement royal , aient conservé
le buste de Napoléon dans un endroit apparent de leur maison. Ce buste, de grandeur
naturelle, était placé chez lui, sur la cheminée
d'une pièce où la cour et la ville ont été atti-
rées par les attributions de sa place : c'est une
justice qui lui est due , et que nous nous plaisons à lui rendre.

L. M. N. P. D. L. M. n'a pu s'écarter du sen-
tier de l'honneur; des rapports mensongers sans
doute auront égaré l'opinion sur sa conduite,
qui aurait pu d'ailleurs être excusée en faveur
de ses grands et nombreux services passés.
Nous pourrons applaudir sans restriction à de
nouvelles actions d'éclat qui ajouteront à sa
gloire en lui donnant de nouveaux droits à
notre reconnaissance.

L. M. F. D. D. est connu par ses grands
talens et par ses bons principes : nous le
vîmes , aimé des uns, redouté des autres,
estimé de tous, occuper un rang dû à son mérite. En certaine occasion un refus raisonnable et une franchise dangereuse , parce
qu'elle n'était pas de saison, firent que dans
une aveugle colère on lui suscita une injuste
persécution : il sut très adroitement se dérober

au traitement rigoureux dont il était menacé.
Il est maintenant revêtu d'une confiance dont
il est digne : sage dans le conseil, prudent
et habile dans l'exécution, il justifie sa haute
réputation.

L. C. B. M. D. L. M. Quel est ce personnage entouré d'une faveur si marquante que
l'on voit pousser à toutes les dignités? c'est
donc un homme illustre? Cependant nous
n'avons pas vu ce nom parmi ceux qui brillèrent de nos jours. Une haute naissance est
peut-être le titre qui lui fait obtenir tant d'*honneurs* et de confiance? Non; il naquit dans les
derniers rangs de la société, et pour vivre il
exerça longtemps un art utile. C'est donc alors
un homme doué de grands talens, car nous
l'avons vu remplir de hautes fonctions dont
les attributions différaient essentiellement?
Non. Cet homme *si grand* n'a pas un mérite
extraordinaire; son acte public le plus saillant
fut la proposition qu'il fit en 1791 à l'assemblée constituante de ne payer que les seuls
fonctionnaires assermentés. Et si nous l'avons
vu occuper des emplois si différens on prétend qu'on ne le déplaçait ainsi que pour chercher un poste où il pût convenir. Il est loin
d'être sot; il a même des connaissances; jusqu'ici l'on n'avait pourtant pas encore trouvé
à le caser convenablement. La cause présumée
de sa grande faveur c'est qu'il dévoua sa plume
au frère de Louis XVI dans les commencemens

de la révolution, et que depuis il *observa* beaucoup. C'est pour reconnaître ce zèle et ce
dévouement que Louis XVIII, parvenu au
trône, le combla de faveurs. Du reste il paraît
que le favori n'était pas méchant; du moins,
il n'en a pas donné de marques ostensibles,
et c'est sans doute à sa condescendance pour
les ordres d'une ame dévote que l'on dut cette
ordonnance ridicule qui fit tant de tort au
crédit royal parmi le peuple, qu'elle cha-
grinait sans remplir le but fantastique qu'on
paraissait s'être proposé.

M. L. C. F. fut chargé d'importans emplois.
Gravement inculpé, la faveur du roi lui
servit d'égide. Il déploya un grand zèle à
l'aurore de la restauration, et montra une
grande frayeur sur la fin. Il fit de grandes
fautes; mais il paraissait désirer le bien : il
se trompa sans doute sur les moyens de le
faire. Avec de l'esprit et du mérite il eût pu
briller d'un grand éclat s'il n'avait été si
fortement encroûté sous la rouille des vieux
préjugés.

M. H. D. T. F., qui avait paru plein de
zèle pour le gouvernement impérial, se jeta
à corps perdu dans le parti royaliste, qui,
à la vérité, pouvait utilement servir sa fortune :
nous ne connaissons pas exactement la gravité des torts qu'il eut; mais le retour de
l'aigle lui imprima une terreur si grande qu'il
en fut dangereusement malade. Infusion de

violette , *remède* de lis ; et pour la suite du
traitement nous l'adressons à M. L. D. T. ,
qui connaît parfaitement le genre de sa maladie. Il doit se remettre au régime, et
prendre souvent l'air des Tuileries, qui lui
fut constamment favorable. Il peut encore
espérer sa guérison, attendu que la maladie
ne paraît pas avoir atteint son dernier pé-
riode. Nous croyons devoir faire connaître à
nos lecteurs cette singulière infirmité, que
jusqu'ici les médecins avaient négligée, et
dont on n'est même pas d'accord sur le
genre ni le nom : les uns la traitent de
fièvre, les autres de rage, de lèpre, etc., etc.
Les uns l'appellent fièvre bourbonienne,
bourbonica, etc. ; les autres lui donnent mille
noms différens. Nous nous en tiendrons, en
attendant la décision des facultés, au nom
de *bourbonisme*.

C'est une espèce de fièvre chaude, maligne
et contagieuse, surtout pour les esprits faibles,
qu'elle attaque de préférence : elle se manifeste d'abord par une légère effervescence en
apportant le trouble dans tous les sens. Le malade, qui ne déraisonne point encore, prend
un goût particulier pour les choses puériles ;
il devient d'une crédulité qui lui fait adopter
les idées les plus absurdes et les plus bizarres ;
l'intensité de la maladie en augmentant amène
le délire, et le malade, dans ses transports
presque continuels, cherche à propager sa

folie. Il devient furieux quand on lui résiste ; mais heureusement qu'un des caractères les plus frappans de cette singulière maladie c'est l'affaissement total des forces physiques. L'irritabilité des muscles de la langue devient excessive, tandis que le reste du système musculaire semble frappé de stupeur. Elle dégénère souvent en une espèce d'apathie. Les symptômes peuvent reparaître à de longs intervalles : on a vu des gens après vingt-cinq ans de langueur retomber dans des accès terribles.

On a généralement remarqué que les femmes sont plus sujettes à cette maladie que les hommes, et parmi ceux-ci les plus faibles en sont plutôt atteints. Son effet bien reconnu est de conduire à la stupidité. Les malades fuient la lumière, et recherchent les ténèbres : il est avéré que le grand jour ne leur est pas favorable.

Un symptôme bien caractéristique, et qui sert à reconnaître ceux qui sont atteints de cette maladie, c'est leur aversion pour les fleurs dont les couleurs éclatantes et le doux parfum charment les sens des gens raisonnables : la violette, la rose, l'impériale et surtout les grandes pensées leur sont en horreur; ils ne peuvent supporter que les fleurs à odeur forte et de couleur blanche.

Dans cette espèce de folie, hors des accès, le malade raisonne assez bien ; mais dès que

l'on touche la corde sensible on voit les muscles du visage se contracter avec violence : la
raison abandonne le malade ; les paroles se
pressent, s'entre-coupent, et il est alors livré
à toute l'horreur du paroxisme le plus intense.
Il est quelques mots qu'il ne faut pas pronon-
cer devant eux ; *liberté, constitution, idées
libérales*, etc., etc. Si on a imprudemment
lâché en leur présence ces mots redoutés qui
les rendent furieux, pour appaiser leurs transports il faut caresser leur idée fixe, les amu-
ser avec des hochets, leur faire espérer le retour de la féodalité, du fanatisme, etc., etc.,
et surtout paraître désirer et croire avec eux à
l'apparition d'une ombre à laquelle ils ratta-
chent de grands souvenirs.

On a remarqué qu'une diète sévère, conti-
nuée pendant plus de vingt ans, et un certain
régime, avait presque détruit cette maladie
contagieuse, qui n'a reparu que lorsqu'on a
abandonné ce régime salutaire. Il faut espérer
que sa reprise fera disparaître entièrement ce
fléau, que l'on ne connaîtra plus que par souvenir, comme la lèpre des anciens : une bonne
constitution, des adoucissans, l'abondance et
la tranquillité sont les meilleurs préservatifs.

Cette maladie agit également sur le cœur,
qui se rétrécit et s'atrophie ; aussi a-t-on généralement remarqué que les personnes qui en
sont attaquées perdent leur sensibilité, et ne
respirent plus que carnage et dévastation ; elles

cessent souvent d'aimer les objets qui leur
étaient les plus chers, et en deviennent quelquefois les plus cruelles ennemies, à moins
que ces objets eux-mêmes ne soient aussi atta-
qués du même mal. Dans ce cas il existe un
certain attachement, mais rarement une affection profonde, parce que le sentiment est
émoussé, même chez les jeunes personnes,
qui deviennent insensibles, et semblent n'a-
voir conservé quelque humanité que par ins-
tinct et par réminiscence.

Des médecins en 1793 avaient adopté une mé-
thode curative, mais beaucoup trop violente,
(on en a conservé la recette) dont on ne doit
user qu'avec une extrême réserve et des précau-
tions très grandes, et seulement lorsqu'il n'y a
plus moyen de sauver autrement le malade.
Nous conseillons les palliatifs et surtout l'usage
du préservatif que nous avons déjà indiqué.

L. M. V. D. D. B. Nous ne saurions deviner
la raison de l'attachement de cet homme pour
une cause qui n'est pas la sienne, né dans les
dernières classes de la société, du plus bas
grade parvenu au plus haut, il devait sa fortune à la faveur du souverain qu'il abandonne,
et nous le voyons se jeter dans une cour où sa
naissance sera toujours un obstacle à la considération. N'aurait-il embrassé ce parti que
pour arriver à la célébrité, que ses talens ne
pouvaient guère lui faire espérer? paraîtra-t-il
au temple de la renommée avec tout l'éclat

d'un *astre resplendissant?* Puissent ces derniers exploits faire dans le monde le *même
bruit* que firent ses premiers !

M. L. C. D. F. , qui, d'un emploi assez mince
parvint assez haut sans paraître fort élevé, fut
extrêmement poli, et il était placé de façon
à ce que cela parût. La restauration, que l'on
crut d'abord devoir lui être défavorable,
l'éleva tout à coup aux premiers rangs ; il devint enfin grand, et il espérait bientôt le devenir encore plus. Investi d'une grande confiance, il était à même de satisfaire son penchant
pour l'argent qu'il a toujours beaucoup aimé.
On l'accuse d'égoïsme et d'ingratitude. Il
est spirituel, affable et prodigue de belles
promesses ; et il est bien connu pour un
donneur d'eau bénite de cour. Il touchait au
faîte des honneurs, lorsque l'apparition de
l'aigle vint épouvanter notre dindon, et lui
ravir ses belles espérances. Mais aussi pourquoi voulait-il être royaliste, lui qui.... mais
il avait la soif des grandeurs, il voulait parvenir. Ambition, ambition ! quels maux tu lui
causes ! Il cherche maintenant à se faire illusion, et il rêve encore le retour des Bourbons.

L. B. L. M. D. F. dut pour ainsi dire, son
élévation au hasard. Il ne brilla pas d'un fort
grand éclat ; avec une imagination ardente
nous le vîmes courir sans cesse de projets en
projets. Puisse-t-il en former un de sagesse, et

s'en tenir là! On prétend que des vues étroites
et mesquines le rendaient plus propres à l'a-
giotage des banques qu'à la restauration des
finances. L'écrit lumineux d'un homme con-
sommé dans cette partie a jeté un jour peu
favorable sur les opérations qui ont été faites ;
et le projet de l'aliénation d'une partie pré-
cieuse de la richesse nationale indisposa les
gens sensés contre un système absurde et
désorganisateur, enfanté par le même homme
que nous avions vu servir de diacre à l'évêque
d'Autun le 14 juillet 1790.

L. M. S. D. D. D. avait acquis une gloire
brillante, à laquelle il eût ajouté un nouvel
éclat s'il avait entièrement profité d'une heureuse circonstance. Nous le vîmes depuis,
dans un moment très-critique, investi d'une
grande confiance : la méritait-il, sa renommée en souffrirait ; ne la méritait-il pas, elle
en souffrirait encore davantage. C'est un far-
deau bien lourd qu'une grande réputation à
soutenir! Au reste nous ne pouvons oublier
les grands et nombreux services qu'il a rendus
à l'état, et on doit lui passer quelque chose en
cette considération et en faveur d'un mérite
éminent qu'il peut encore faire servir à augmenter la gloire de son nom, l'un des plus
beaux dont nos fastes s'honorent.

M. V. A. D. B., avec assez d'instruction
pour sa partie, ne manquant pas de moyens,
a néanmoins peu de connaissances acces-

soires. Loyal et probe, on l'a vu se faire scrupule d'une misère; admirateur de Napoléon,
désirant plus encore servir l'homme que le
monarque, nous l'avons pourtant vu se jeter
dans le parti de la cour, et finir par se persuader qu'il était royaliste à force de l'avoir répété
aux autres. C'est une manie qu'il a prise de son
frère, que nous ne croyons pas plus sincère-
ment royaliste que lui. Employé sous le gouvernement impérial, on le vit dans l'aurore de
la restauration quitter ses foyers avec quelques
affidés, sans aucune mission des autorités,
pour aller protester à Louis XVIII des sentimens de ses compatriotes, qui non seulement
ignoraient le motif de son voyage, mais qui
n'en connaissaient même pas le but; on le
croyait à la campagne. On l'entendit crier
vive le roi de bonne foi. Il n'est pas sot,
et nous l'entendrons quelque jour crier aussi
fort vive l'empereur, d'autant mieux que son
royalisme ne lui a pas procuré tout ce qu'il
pouvait désirer, et que ses talens lui vaudront
mieux s'il est assez sage pour se décoiffer de
l'éteignoir.

T. C. D. B. Ami sincère de sa patrie,
homme d'esprit et de talent, on l'a vu remplir
avec honneur et probité tous les emplois qui
lui furent confiés. Ennemi de toute tyrannie,
trompé par de faux rapports, et trop crédule sur
les promesses brillantes qu'on faisait au nom
des Bourbons, il se laissa séduire et entraîner

dans une démarche inconsidérée. Il rougit du rôle qu'il a joué en cette occasion, et ne pardonnera jamais cette faiblesse à ceux qui en furent causes sans en être dignes. Honneur et patrie depuis vingt-cinq ans n'ont pas cessé d'être sa devise.

L. B. J. D. T., rempli de talens ; ses connaissances profondes, que des manières trop peu distinguées ne laissent pas d'abord apercevoir, ne tardent pas à lui attirer une considération méritée. Le hasard le fit naître en d'autres climats ; mais le cœur est tout français, et une longue résidence dans sa patrie adoptive empêche de le reconnaître pour un étranger ; s'il a applaudi un instant à la déchéance, il a toujours gémi de voir *nos bons amis* les alliés dicter des lois au premier peuple de l'Europe, et il a dédaigné les décorations que le nouveau régime avait accordées à son mérite et à sa naissance, et on l'a vu plus que par de simples vœux accélérer le grand œuvre de la régénération.

M. M. B. D. R., forcé *par circonstance* de quitter son pays, la Hollande et l'Autriche, vint à Paris, où il fut accueilli avec cette bienveillance que les étrangers sont toujours sûrs d'y trouver. Une certaine érudition et quelque *connaissance du monde*, qu'une *heureuse adresse* faisait paraître encore plus grande, lui procurèrent quelques succès. Une espèce de domination tyrannique, dont

7

il s'empara dans l'une des parties de l'empire des sciences en copiant littéralement les meilleurs auteurs français et allemands, acheva de lui donner une grande vogue : il serait presque devenu l'arbitre des réputations sans l'opposition de quelques écrivains, justement indignés de cette usurpation. Par reconnaissance sans doute de l'accueil qu'on lui faisait en France il dénigra de son mieux les Français, qui lui accordaient une généreuse hospitalité, ce qui n'empêcha pas l'accroissement rapide d'une aisance à laquelle il n'eût jamais osé prétendre dans son pays. Il acquit une considération *particulière*, et se fit une *grande renommée*. Ses plus beaux jours ne furent pourtant pas sans nuages, et plusieurs affronts firent rougir ce front audacieux, ceint d'un laurier qui ne put le garantir de la foudre dont il fut atteint en quelques occasions; il continua néanmoins à la braver, fier de l'appui que lui offrait la puissance, qui par des chaînes d'or le tenait attaché à son char; il la servit de toute la force de sa plume, qu'il était parvenu à franciser à peu près, et des flots d'encre et de bile en sortirent dans ses fureurs, surtout dans celles du commencement de 1814 : il gagna loyalement l'argent qu'on lui donna. Qui ne l'eût pris à cette époque pour l'homme le plus dévoué à la cause impériale? Nous y fûmes trompés comme bien d'autres; aussi quelque temps après eûmes-nous de la peine à nous décider à reconnaître sa tête, cachée sous un énorme amas de rubans blancs en forme de cocarde : mais bientôt il leva tous les doutes en signant des écrits dont le style, très-différent de celui dont il s'était servi précédemment, nous prouva qu'il trempait sa plume au *cornet royal.* Aujourd'hui probablement il achevera les cahiers que la restauration lui avait fait abandonner ; mais nous doutons qu'il les place aussi avantageusement que les premiers ; les temps sont changés. Au reste qu'il s'en console ; *bonne renommée vaut mieux que ceinture dorée.*

L. M. D. I. D. D., l'un des coryphées de la cour de Louis XVIII, y fut investi deux fois d'une confiance particulière : on l'accusa dans le temps d'intriguer en Allemagne, ainsi que Pichegru et Précy, avec qui il eut souvent des conférences. Il a tergiversé en discours comme en conduite ; mais le plus souvent il a paru attaché à la cause des Bourbons. On dit qu'il fut l'un des chefs de cette association mystérieuse qui était chargée de faire savoir à Louis XVIII ce qui se passait dans son *royaume de France,* et surtout dans sa *bonne ville de Paris,* pendant ses voyages et son séjour en Angleterre. Les *fidèles* appelaient cette association haute police, ou police secrète du roi ; les *impies* l'appelaient espionnage, et les gouvernemens *éphémères* et *injustes* qui régissaient la France osaient faire

fusiller les membres de cette *noble* confrérie
lorsqu'ils en pouvaient découvrir quelques-uns.
Ces honorables fonctions auraient beaucoup
rapporté à ceux qui les avaient exercées avec
bonheur si la restauration n'avait sitôt fini.

L. M. S. D. D. a peut-être bien un peu terni
sa réputation ; mais il peut encore tout réparer : un faux pas, en nous avertissant que le
chemin est glissant, nous préserve souvent
d'une chute, et de nombreux et éminens services doivent nous faire excuser une erreur
légère, que de nouvelles actions d'éclat feront
oublier en ajoutant un nouveau lustre à la
gloire d'un homme dont le nom est cher à la
France.

L. M. S. D. B. E. B. sous les dehors les plus
brillans cache l'ame la plus noire; c'est le
scélérat le plus profond et le plus dangereux;
c'est l'intrigant le plus déhonté, le fourbe le
plus insigne, le débauché le plus effronté et
l'être le plus immoral. Son nom, très désa-
vantageusement connu dans son pays natal
pendant les orages de la révolution, n'a pu
figurer alors parmi ceux des grands criminels
de la capitale. Tous les états lui conviennent,
pourvu qu'ils lui rapportent. Bouffi d'orgueil,
dévoré d'ambition, et vain de quelques titres
qu'il doit plus à l'intrigue qu'à son mérite, il
court après la célébrité; mais son idole est
l'argent; avec ce mot, prononcé convenablement, on en fait tout ce qu'on veut; alors

nous ne devons plus nous étonner de l'avoir
entendu crier *vive le Gouvernement actuel*
dans tous les temps. Quoique d'une des anciennes maisons de sa province, il n'a pu
s'élever aussi haut qu'il le voulait, parce que
la nature, en lui accordant le don de séduire,
ne lui a pas donné les moyens de conserver
assez long-temps ses dupes. Cependant il a
su, abusant de la confiance d'un ami, son
camarade d'études, le ruiner de la manière
la plus affreuse, et, pour s'en débarrasser,
porter atteinte à la réputation de sa victime.
Son caractère fait pâlir celui du Tartufe. Nous
verrons peut-être son hypocrisie lui faire obtenir quelques dédommagemens pour la perte
des brillantes espérances que lui enlève le
départ d'une cour près de laquelle il comptait sur une grande faveur.

L. C. F. G. D. S. O. Celui-ci c'est toute
autre chose ; c'est un petit *scélérat couleur de
rose;* il est tout charmant. Arrive-t-il, on est
enchanté ; ouvre-t-il la bouche, il a persuadé :
personne ne sait mieux dire *un rien* que lui.
Jeune encore, il n'a pu prendre part qu'aux
derniers événemens de l'anarchie qui signala
notre révolution ; il disparut un instant : où
alla-t-il?..... Il revint, et nous vîmes cette
poupée à ressort user toutes les ressources
de la toilette et de la galanterie, tout le
prestige de la cajolerie près des femmes, et
par leur canal arriver à un petit grade dans

le militaire, dont le ton peu doucereux de ses
camarades le dégoûtèrent bientôt. Il retomba
dans le civil, et de boudoirs en boudoirs,
après quelques stations dans les anticham-
bres et dans les salons de tous les régimes,
on le vit remplir quelques fonctions magis-
trales eu affichant la plus risible gravité.
Chaque jour, en ajoutant à son âge, ne re-
tranche rien à ses travers ; et, après avoir
cajolé la république, loué le consulat et
flatté l'empire, il flagorna la cour royale, dont
il devint conseiller zélé; il y avait, dit-on, voix
délibérative, et on lui prête la première idée de
plus d'une des mille sottises qui y ont été faites.
Il s'est éclipsé pour le moment; mais il repa-
raîtra, toujours charmant et léger, avec les
couleurs convenables.

L. G. S., ce transfuge que le sentiment de
sa propre conscience aurait dû condamner au
silence et à la retraite, comme s'il n'eût pas
trouvé sa honte assez grande, osa, dans un
écrit dont le titre eût dû être *libelle*, calom-
nier cette armée qui l'avait souffert dans ses
rangs, où il était parvenu, on se demande
comment, à un grade dont il s'est montré
indigne. Qu'il retourne en Angleterre réclamer encore le salaire de ses honteux services,
et faire valoir des prétentions aussi absurdes
que répréhensibles aux yeux de l'honneur;
qu'il offre, s'il le veut, à nos ennemis l'hommage des conceptions de son *vaste génie*, ou
la force de son *redoutable bras*. Nous crai-

gnons peu les efforts d'un pareil adversaire ; qu'il aille chercher à force d'infamie de la célébrité, puisque ses talens ne lui permettent pas d'en acquérir en suivant les sentiers de l'honneur.

L. M. C. P. avait rempli avec honneur des missions importantes qui lui donnaient des droits à l'estime publique. Sa conduite vers la fin de la restauration fut peu favorable à sa réputation ; on le vit servir des fureurs insensées, qui furent le seul acte de vigueur d'un homme peut-être incapable de le renouveler, s'il n'est fortement excité par ceux qui l'entourent. En provoquant la guerre civile dans leur patrie L. M. C. P., L. G. M., L. G. E., L. G. R., etc., etc., ne firent qu'exciter contre l'indignation des Français.

L. M. J., dont le nom est consacré par l'un des plus beaux exploits des armées françaises, n'a pas soutenu sa brillante réputation : cela tient sans doute à ce que les circonstances l'ont constamment éloigné des occasions favorables. Sa conduite sous le gouvernement royal ne paraît pas mériter de reproches ; il a comme les autres suivi le torrent qui a tout entraîné.

L. G. C. L., plein d'honneur et homme de mérite, jouissait d'une considération justement acquise ; investi d'une grande confiance, il la justifia. Sa conduite en cette occasion fut telle que ceux mêmes qui ne l'aimaient pas étaient forcés de l'estimer. On lui préférait son prédécesseur, qui savait mieux se prêter aux goûts de ceux à qui il avait affaire, mais qui n'inspirait pas le même respect. Regrettons qu'une erreur funeste à sa gloire et à nos intérêts ait éloigné de nous L. G. C. L. ; espérons qu'il n'aggravera pas une faute que nous pouvons encore pardonner en faveur des services qu'il a rendus et de ceux qu'il pourrait rendre encore.

L. G. C. D. Une disgrace éclatante avait fixé tous les yeux sur lui, et son malheur l'avait puissamment recommandé à la bienveillance de la nation ; on le plaignait généralement en le regardant comme la victime d'une rigueur que l'on eût desiré voir s'adoucir en sa faveur ; et l'on applaudit au choix de Louis XVIII lorsqu'il l'appela au ministère, qui fut l'écueil où vint échouer sa réputation. Resté dans la retraite ou placé dans un rang moins éminent, il y aurait probablement vécu entouré d'une considération qu'il vit s'évanouir. Il se reperdit dans la foule en quittant sa place, que les circonstances rendaient à la vérité très difficile à remplir d'une manière satisfaisante.

Une remarque généralement faite c'est que la plus grande partie de ceux qui avaient éprouvé des disgraces sous le gouvernement impérial semblèrent par leur conduite sous le régime paternel justifier la rigueur dont on avait précédemment usé envers eux.

L. M. M. B. , C. S. , L. F. D. D. D. , K. D. D. V. , C. P. D. P. , C. G. S. T. , etc. , n'ont rien à se reprocher en cette occasion ; ils ont cédé à la nécessité , et ils ont souffert ce qu'elle n'aurait pu empêcher.

L. M. B. P. D. N. D'éminens talens et de nombreux services le recommandaient à la plus haute considération. Ce n'est pas sans regret que nous le vîmes se jeter dans le parti de la cour ; le rang qu'il y accepta porta une funeste atteinte à sa réputation , et parut donner quelque consistance aux soupçons qui planaient sur lui, et que sa fuite semble changer en certitude. On avait généralement meilleure opinion de sa sagesse , et l'on ne peut se rendre compte des motifs qui l'ont porté à des actions que réprouvent la prudence et même l'honneur ; il n'a rien acquis en considération réelle ou apparente ; il a vu diminuer ses richesses et sa puissance , et il peut entièrement perdre une gloire déjà obscurcie.

En voyant s'éclipser ainsi tant de noms illustres de cruelles réflexions nous assaillent et nous reportent involontairement sur le passé et particulièrement sur les causes qui amenèrent la chute du gouvernement impérial , qui fut due à la désorganisation et , nous le disons à regret, à la démoralisation des armées françaises , dont la source fut la guerre d'Espagne, où nos revers furent causés par la mésintelligence qui se mit entre les chefs. Beaucoup d'entr'eux ne secondèrent pas leurs frères d'armes de tous leurs moyens, parce qu'ils craignaient de voir s'augmenter une gloire dont ils étaient secrètement jaloux ; faute qui porta atteinte à leur réputation, et devint funeste à nos intérêts. On ne s'écarte jamais impunément de ses devoirs : un guerrier qui contribue franchement aux succès d'un autre en partage l'honneur avec lui ; celui au contraire que l'envie retient ne peut se soustraire à la honte. Nous pourrions appuyer cette assertion de mille preuves.

La conduite des chefs est observée de tous ceux qui les entourent ; le soldat lui-même les juge, et presque toujours avec justesse, par l'habitude du métier et à l'aide du simple bon sens ; il propage ensuite son sentiment : celui des officiers se répand également dans les autres classes de la société. C'est ainsi que se forment ou se détruisent les réputations. Les rapports officiels ne font que les préparer ; c'est un premier jugement que le tribunal de l'opinion publique infirme ou confirme presque toujours avec équité.

L'esprit de dissension qui s'était glissé dans nos armées était accompagné de l'esprit de concussion, entré dans presque toutes les administrations, dont la plupart des chefs et des employés ne paraissaient avoir d'autre but que leur intérêt particulier, toujours isolé de l'intérêt général, dont il est destructif. Il y aurait de quoi faire gémir les honnêtes gens et couvrir de honte les coupables si nous exposions au grand jour tous les faits parvenus à notre connaissance, ou que nous sommes à même de recueillir sur les concussions qui ont eu lieu dans toutes les branches de l'administration. Chacun ne s'occupait que du soin d'acquérir des richesses et des moyens de les conserver : le maintien de l'ordre fut négligé ; les chefs furent obligés de tolérer des abus que leur popre conduite semblait autoriser, et dès lors tout fut perdu. En vain les plus sages voulurent s'opposer au désordre ; leur voix fut impuissante : plusieurs se laissèrent entraîner par de mauvais exemples, et prirent part à des actes que d'abord ils avaient voulu empêcher. On les plaint en les blâmant un peu moins que les autres ; mais l'estime générale est la récompense de ceux qui se sont conservés purs au milieu de la corruption. Pas un nom, pas un fait n'a échappé ; l'état des fortunes actuelles est un moyen qui peut servir à juger les conduites, et le public se trompe rarement à cet égard.

MM. L. C. F. G. M. , L. C. D. C. D. D. C. , L. B. P. D. P. , L. M. L. C. D. C. , L. C. P. L. R. L. D. D. , L. C. A. S. , L. B. S. D. L. M. D. F. G. , L. C. D. C. D. R. , L. C. L. P. S. G. , L. D. P. S. M. , L. C. S. F. P. , L. C. D. B. ,

L. B. F. N. , L. B. C. H. , L. D. C. K. , L. M.
C. B. D. , etc. , etc. , etc. Des titres, des honneurs, de l'or furent leur devise en tout
temps; ils marchèrent sous la bannière de
l'intérêt avec la fidélité la plus scrupuleuse.
On les accuse d'inconstance : c'est une calomnie; ils n'ont pas dévié un seul instant:
ils n'ont qu'un seul but; l'accroissement de
leur fortune : ils ne connaissent qu'un mot de
ralliement; HONNEUR ET PATRIE. L'honneur
pour eux c'est l'argent; la patrie le château
des Tuileries; la nation c'est eux : aussi ré-
pètent-ils sans cesse dans de fort beaux discours, toujours les mêmes aux dénominations
près, qu'ils ne sont occupés que de ses intérêts. Cette association respectable a des sta-
tuts dont elle ne s'écarte jamais, et un dictionnaire à son usage particulier; les mots *délicatesse, scrupule* et *probité* en sont bannis;
attachement et *reconnaissance* s'y rencon-
trent, mais avec de l'encre sympathique, ainsi
que quelques autres mots; *bassesse, adulation, fourberie, etc.*, s'y trouvent en lettres
d'or. Nous avons vu de ces reptiles se glisser
dans les ambassades, dans les ministères,
dans toutes les institutions républicaines, im-
périales ou royales; et aujourd'hui encore nous
en voyons dans le civil et même dans le militaire, mais en plus petit nombre. Ils se sont
courbés devant le trône de Louis XVI, devant l'arbre de la liberté, devant les faisceaux

consulaires, devant le sceptre impérial, devant la lance du Tartare, devant l'ombre de
S. Louis; ils se courberaient devant la peste
si la peste payait bien. Serviles adulateurs de
tous les régimes, ils célèbrent maintenant sur
le même ton les bienfaits de la régénération
en attendant l'occasion d'en trahir l'auteur.

Nous demandons bien pardon à M. L. B.
D. S. A. L. de l'avoir oublié; il serait pres-
qu'en droit de nous attaquer en calomnie si
nous n'en parlions pas; mais on nous accusera de médisance si nous révélons ses petites
fredaines. C'était un petit monstre charmant;
il a commis les plus gentilles scélératesses : il
était encore mieux placé sous le gouverne-
royal que sous l'impérial. Il sera célèbre
dans les annales de la restauration, dont il
était un des coryphées. On a cependant remarqué que ce régime l'avait un peu maigri;
nous pourrions assurer que ce n'est pas par
diète. On le croyait parti, mais on dit l'avoir
vu depuis le 20 mars. On ne dit pas d'ailleurs
qu'il soit avec le comte de Lille, quoique son
ami, M. L. V. D. C. H. A. C. T. A. S., y soit.
Nous voudrions bien savoir de lui ce que sont
devenus MM. L. B. S. D, H. F., D. M. et
Mmes D. B. T., V. A., M. D., et le petit
M. D. P. R. D., également recommandables
par leurs principes.

L. S. X. C. D. P. O. D. L. n'avait guère
qu'une ombre de pouvoir à la cour. Il est géné-

ralement reconnu pour être dissimulé; il est
affable, et il veut paraître grand. Des occupa-
tions puériles lui faisaient souvent perdre un
temps qu'il eût pu mieux employer : ce que
les uns appellent fermeté est qualifié d'entête-
ment par le plus grand nombre, et cependant
il est prouvé qu'il était d'une faiblesse extrême.
Il a, quoi qu'on en dise, beaucoup contribué
à la chute du trône royal. Il paraît que vingt-
cinq ans d'exil et de malheurs n'ont rien
changé à son caractère, et ne lui ont rien
fait perdre de ses préjugés gothiques; on
dirait qu'il n'a paru que pour justifier toutes
les accusations portées contre lui sur sa conduite à la cour de Louis XVI, où il joua un
grand rôle. On lui accorde beaucoup d'esprit
et d'instruction; il ne paraît pas qu'il en ait
fait un grand usage. Il n'a montré aucune des
qualités qu'exigeait le haut rang où il était
placé. On lui prêtait également beaucoup
de prudence : il ne s'est pourtant guère opposé aux sottises qui se faisaient tous les jours
au nom du roi. Ne pas achever son portrait
ce sera évidemment le flatter.

M. L. D. D. G. A. D. F. était d'une nullité désespérante; ses goûts semblaient l'ap-
peler à d'autres fonctions que celles que le
hasard lui avait assignées. Faible et supersti-
tieux, rien n'a prouvé que les qualités de
l'esprit fussent remplacées par celles du cœur.

M. L. C. D., avec un peu plus de moyens

peut-être , n'avait aucune des grandes qualités qui lui eussent été si nécessaires dans
le rang où il était placé , et la bonté qu'on
lui accordait ne pouvait suffire pour réparer
le mal qu'avait fait ses inconséquences , ni
pour nous rassurer sur celui que sa faiblesse
et ses principes trop bien connus nous faisaient
craindre pour l'avenir.

M. L. D. D. n'avait qu'à le vouloir pour
se faire chérir ; des malheurs non mérités lui
avaient donné des titres à la bienveillance ,
et avaient prévenu en sa faveur; des rapports
avantageux lui avaient établi une réputation
que rien malheureusement n'a justifiée : d'absurdes préjugés et une déplorable superstition
lui avaient inspiré une aveugle haine qui lui faisait s'occuper continuellement du projet d'une
injuste vengeance. Une hauteur insupportable
et des actions blâmables lui avaient aliéné l'affection de la nation ; une fureur insensée vint
mettre le comble au mal, et le rendit irrépa-
rable. D'affreux souvenirs se rattacheront à ce
nom , qui devait faire l'orgueil de la France.

A. F. D. D. B. ne montra pas des penchans
dignes de son illustre origine , et son édu-
cation ne répondit point à sa naissance, soit
qu'elle ait été négligée ou qu'il n'en ait pas
profité ; on aurait à lui reprocher des actes
indécens, dont rougirait tout homme qui se
respecte. Tracer son portrait ce serait déve-
lopper tout ce que la réunion de l'intempé-

rance et de la brutalité peut offrir. Vain d'un rang qu'il tenait du hasard , et qui est son seul titre à la considération , on le vit traiter avec un orgueilleux mépris des hommes qui auraient rougi de lui ressembler, et dont le bras fut retenu par un esprit de subordination peut-être poussé trop loin. Par sa conduite dépravée il devint la fable de la ville , et excita l'indignation de l'armée, qui se serait crue déshonorée en combattant sous un tel chef.

M. L P. D. C., vieillard respectable sous beaucoup de rapports , eût sans doute mérité et acquis l'estime de la nation s'il n'eût cessé lui-même. On lui reproche assez généralement un défaut qu'il eût été à désirer que quelques autres grands personnages eussent partagé.

L. J. D. D. B., que l'on vit autrefois épuiser toutes les ressources de la fatuité, n'a pas cessé d'être lui-même. Lorsqu'on voulait lui parler, si l'on n'avait l'entrée de faveur de M. L. C. D. R. son factoton, il était impossible d'être admis ; on vous répondait qu'il était *absorbé*. Lorsque les gens d'un grand seigneur se servent de ce mot le public, qui n'est pas tenu à un aussi profond respect , peut bien le changer en un autre. Les derniers efforts de sa vertu mourante peuvent d'ailleurs servir à le faire juger, et, pour le peindre en un seul mot, c'est un être nul.

Il est naturellement plus porté au mal qu'au bien : c'est une espèce d'automate dont le mécanisme est réglé par M. L. C. D. R. Celui-ci a reçu de la nature un regard oblique et une physionomie fausse, qui peint, dit-on, assez exactement son ame. Il a beaucoup de prétentions et fort peu de mérite. Il est tout vain d'une alliance qui devrait faire rougir quelqu'un d'aussi attaché que lui à ces vieux préjugés qui malgré leur ridicule. absurdité allaient régir les destins du peuple français.

On nous accusera peut-être d'avoir trop ménagé certains individus, dont la conduite en 1814 n'a pas été des plus franches ni des plus loyales : nous avons légèrement glissé sur leur compte dans l'espoir qu'ils répareront leurs fautes en 1815, et que nous pourrons les citer en bien dans la Lanterne magique de cette année, pour laquelle les grands événemens qui doivent avoir lieu nous fourniront sans doute des traits remarquables. C'est avec un plaisir bien vif que nous signalerons les belles actions qui seront faites, et cette tâche sera pour nous la partie la plus agréable de notre travail.

Peut-être nous reprochera-t-on aussi d'avoir généralement tenu nos portraits trop faibles de ton : nous répondrons que ce ne sont que des ébauches, que nous aurons probablement

l'occasion de reprendre et de terminer par la
suite.

Nous venons de nous promener dans la galerie des acteurs du grand mélodrame héroï-
comique, dont la France fut le théâtre ; on
ne sera peut-être pas fâché de voir quelques
scènes du drame politique qui se jouait en
Allemagne sous le nom de Congrès ; nous
dirons quelques mots sur le prologue de la
restauration, et sur les acteurs étrangers que
nous avons vus y jouer un rôle.

SIXIÈME TABLEAU.

Petite Revue des grands Généraux de la Coalition.

Les désastreuses campagnes de 1812 et 1813
amenèrent les événemens qui ouvrirent aux
Bourbons le chemin de la France, et les coalisés, qui n'avaient pas pensé à eux en y arrivant,
consentirent ensuite à les aider à s'emparer de
la couronne, parce qu'ils reconnurent que
c'était un moyen de conserver long-temps leur

prépondérance sur la France, accablée par des revers qu'elle devait à la défection de ses alliés.

A Leipsick les Saxons, chargés de soutenir notre gauche, attaquèrent en flanc l'armée qu'ils devaient défendre. Quel fut le prix de leur trahison? L'esclavage et la ruine de leur pays.

L'Autriche entra dans cette alliance, qui ne lui causa que des désagrémens : l'empereur François y combattit pour une cause étrangère, contre les intérêts de ses peuples, contre les siens, contre celui de son cœur, on pourrait même ajouter contre ceux de sa gloire, puisqu'alors on vit l'Autriche, puissance redoutable par sa force militaire et par sa proximité du théâtre de la guerre, qui lui donnait les plus grandes facilités pour le recrutement de ses armées. On la vit jouer un rôle très-secondaire dans cette coalition, dont elle était réellement la partie la plus formidable en troupes réglées ; et nous vîmes le plus puissant monarque de l'Allemagne n'avoir que la triste prérogative d'approuver les décisions de deux souverains et d'un ministre étranger, qui réglaient à leur gré le sort de l'Europe.

La Bavière et le Wurtemberg, ainsi que les princes des autres états de la confédération du Rhin, qui n'avaient point encore accédé à la coalition, entraînés par l'exemple de l'Autriche et par la force des circonstances, se

déclarèrent contre la France, croyant par ce
moyen conserver les avantages dont ils jouis-
saient. La récompense qu'ils en ont reçue
devrait peu les encourager à recommencer
aujourd'hui.

Le Danemarck et Naples se virent contraints
de fléchir sous une puissance qui allait les ac-
cabler, et la France resta seule contre toute
l'Europe, qui déborda le Rhin et jeta dans
l'empire français près d'un million d'hommes,
la majeure partie barbares, disons mieux, vo-
leurs armés, auxquels on ne pouvait opposer
alors plus de cinq à six cent mille hommes,
pour la plupart de nouvelle levée, gardes nationales et urbaines. Il fallait garder les frontières du Midi, toutes les côtes, et faire la
police de l'intérieur : mais maintenant notre
armée est plus que doublée par la rentrée des
prisonniers, et nos gardes nationales et urbaines montent à plus de deux millions d'hommes, tous ayant l'honneur national à soutenir
et à venger.

Les alliés avaient l'élite de leurs troupes,
ou, pour parler plus exactement, ils les
avaient toutes; cependant depuis le passage
du Rhin on les battit presque partout où l'on
put réunir des forces, quoique bien infé-
rieures aux leurs. Des enfans conduits par
quelques vieux soldats les repoussèrent en
mille occasions, et sans les traîtres qui leur
livrèrent Lyon et Paris un seul eût-il re-

passé le Rhin? Et la prise de tous leurs souverains eût été le plus beau trophée de cette
armée, composée en grande partie de nouvelles levées, d'une partie de la vieille garde,
de cette jeune garde digne de la suivre, d'un
petit nombre de vétérans échappés aux trahi-
sons précédentes, et de quelques autres arrivés de l'armée du Midi, où une poignée de
nos braves, commandés par des chefs aussi
habiles qu'intrépides, arrêtait ce fameux
Wellington, qui ne fut si grand en apparence
que parce qu'il avait sous ses ordres l'élite de
l'armée anglaise et une nuée d'Espagnols et
et de Portugais. Toulouse vit flétrir ses lau-
riers, et ternir une gloire qu'il eût entièrement perdue si la mésintelligence n'avait arrêté
nos succès, et n'était venue lui sauver l'affront
de suivre en captif le char de son vainqueur.

Mais c'est dans la Belgique que ce nouvel
Annibal des modernes *Carthaginois* verra
tomber en poussière cette couronne déjà des-
séchée par la foudre qui l'atteignit sous les
murs de Toulouse; ses soldats pourront-ils
arrêter le vol rapide de l'aigle triomphante,
qui sort du sein du repos, plus vigoureuse
que jamais, pour délivrer des peuples indus-
trieux et braves, brûlant du désir de se ranger
sous ses ailes victorieuses; pour nous aider à
repousser des phalanges étrangères, déjà
vaincues par la terreur que leur inspire le
souvenir de leurs défaites et le courage de

nos soldats, qui redoutent peu des ennemis qu'ils ont l'habitude de vaincre malgré leur grand nombre.

En nous vantant avec une exagération ridicule les forces des coalisés on ne manque pas de porter jusqu'aux nues les talens militaires des chefs qui les conduisent; mais ils ont obtenu à bien bon marché ces brillantes réputations. La coalition ne comptait que peu de généraux d'un mérite distingué; Moreau, qui vint y perdre et la vie et sa gloire; le prince de Suède, qui vint y combattre au nom de la nation qui l'avait adopté. Peut-être cette guerre fut-elle entreprise contre les intérêts du peuple suédois; mais elle le fut bien certainement contre ceux de la gloire du prince, et bien plus encore contre ceux de son cœur. On connaît la cause des chagrins qui à Liège altérèrent sa santé; on sait les larmes qu'il a versées sur les malheurs de la France, et les cuisans regrets qu'il éprouvait d'y avoir contribué par son nom et par ses talens, et surtout en faisant avec Moreau le plan de cette campagne, dont ils étaient loin l'un et l'autre de prévoir que le résultat serait le retour des Bourbons. Tout en blâmant le général Bernadotte d'avoir combattu contre la France l'armée rendra au prince royal de Suède la justice qu'il mérite : le sort des armes fit tomber au pouvoir des troupes qu'il commandait un grand nombre de prisonniers français; il donna les ordres

les plus précis pour qu'ils fussent bien traités ;
il aida de son crédit et de sa bourse tous les
officiers qui l'approchèrent ou qui purent faire
parvenir jusqu'à lui leurs plaintes ou leurs
réclamations.

Tous ceux qui restèrent en sa puissance furent renvoyés en France sur parole, et les
détachemens qui les escortaient reçurent l'ordre formel de repousser par la force les vio-
lences que les troupes irrégulières de ses alliés
voudraient commettre contre les officiers français qu'ils accompagnaient. Nous vîmes dans
la Belgique l'armée suédoise dans une espèce
d'inaction, que les alliés blâmaient hautement; ils ont constamment accusé cette armée
de n'avoir pas contribué de tous ses moyens
aux opérations de la campagne.

Après Moreau et le prince royal on doit
distinguer dans la foule des généraux alliés le
célèbre lord Wellington, à qui l'esprit de parti
a fait une réputation colossale, et que les Anglais
ont appelé *l'incomparable*. Il est impossible de
souscrire à des éloges qui deviennent ridicules
à force d'être exagérés. Lord Wellington a
fait preuve d'une bien grande prudence en
restant aussi long-temps uni à l'armée espagnole; il en fallait beaucoup en effet pour
que des nations aussi opposées de mœurs
et de caractère pussent rester ensemble ; et
nous regardons sa conduite en cette occasion
comme son plus beau titre à la renommée.

On lui accorde généralement des connaissances en administration : il a des talens militaires, et nous nous plaisons à le regarder
comme un officier d'un grand mérite, dont la
valeur et le sang-froid dans une affaire passent
pour être bien prouvés ; il est sans contredit
le premier général de l'armée anglaise, et nous
n'en voyons pas dans les autres armées de la
coalition qui puisse l'emporter sur lui. Lord
Wellington a sans doute de justes titres à une
belle réputation ; mais sa gloire ne saurait faire
pâlir celle des Soult et des Suchet, pour ne pas
aller plus loin chercher des adversaires dignes de
lui, et ceux-ci partagent le premier rang avec
plusieurs autres de nos guerriers.

Nous sommes bien persuadés que le noble
lord avec les faibles ressources qu'avaient les
maréchaux Soult et Suchet n'aurait pu comme
eux conserver sa réputation intacte : cette vérité
sera prouvée à la première campagne. Pour
émettre notre opinion sur la place que doit occuper lord Wellington parmi les généraux de
l'Europe nous ne prendrons pas le corps des
maréchaux de l'empire en entier, parce que
tous ne seront pas à beaucoup près placés au
même rang dans le temple de l'immortalité ;
mais, en prenant indistinctement tous les généraux français, nous dirons que nous en
pourrions citer dix qui le surpassent, et au
moins autant qui l'égalent en talens militaires :
ce jugement, dicté sans aucune partialité, n'est

que le résumé des opinions que nous avons recueillies parmi les militaires tant français qu'étrangers qui se sont trouvés à même de juger ce général.

Bien des personnes peut-être nous accuseront d'avoir trop favorablement traité le héros des Anglais, et ces derniers ne nous pardonneront pas d'avoir voulu descendre leur idole de l'autel, beaucoup trop élevé, sur lequel un aveugle enthousiasme l'avait placé. Du reste on accorde à lord Wellington des qualités qui, en le rendant l'un des hommes estimables de son temps, doivent le consoler de n'en être pas le premier général. C'est dommage que ces qualités soient obscurcies par un orgueil excessif ; il n'y a qu'une voix sur son compte à cet égard ; ses plus zélés partisans sont eux-mêmes forcés d'en convenir, et il faut que ce défaut soit poussé chez lui à un point extrême, puisqu'on s'en plaignait à la cour de Louis XVIII, où on l'avait surnommé le duc de *vilain ton*, malgré la très grande faveur dont il y jouissait. Un fait bien connu, et dont on a vu la preuve imprimée, c'est que lors de son arrivée à Paris il a envoyé à son armée des ordres qui portaient : *de notre quartier général à Paris*. Il faut convenir que le noble lord avait bien profité de son séjour sur les bords de la Garonne et de ses liaisons avec les Espagnols, qui se plaignaient eux-mêmes de sa vanité, qu'ils trouvaient insupportable. Quant aux Gascons ils ont dû applaudir à ce trait d'une rare modestie.

Parmi les réputations usurpées dans le nord on doit particulièrement remarquer celle du général Blucher, fait prince dans cette campagne; les Prussiens l'élevaient aux nues et le plaçaient sans cérémonie au dessus de lord Wellington même. Celui ci au moins a des talens supérieurs qui peuvent en quelque sorte justifier l'enthousiasme de ses partisans; mais ceux du maréchal Blucher ont-ils les mêmes excuses?..... Ce général, le Mars de la Prusse par sa bravoure, en est en même temps l'Hercule par sa force prodigieuse et son activité, malgré 72 ans et un énorme embonpoint. Nous ne voulons pas assigner un rang à cette idole du peuple prussien; mais nous verrons comment il soutiendra cette gigantesque renommée. Combien de gens qui devraient désirer une paix éternelle pour n'être pas forcés d'abandonner des réputations gagnées à si bon compte dans les camps, et si généreusement distribuées par les coteries!

Le prince Schwartzemberg n'acquit point une aussi grande renommée; nous l'avons plus entendu vanter pour ses qualités personnelles que pour ses grandes connaissances dans l'art de la guerre. Nous ne savons pas ce que la postérité dira de ce prince, qui fut

nommé généralissime des armées coalisées.
Il ne paraît pas que la France ait eu particulièrement à se plaindre de lui.

Le général de Wrède, qui fut fait prince
dans cette campagne, est aussi très connu
de nos armées; il n'est pas sans talens militaires ; il se forma dans nos rangs. Il a pu
étudier l'art de la guerre avec fruit lorsqu'il
commandait les armées bavaroises, que nos
héros conduisirent si souvent à la victoire
lorsqu'elles étaient ralliées à nos aigles triom-
phantes, et sous ce pavillon tricolore qu'elles
n'auraient dû combattre qu'à regret ; et cependant, nous le disons avec une juste indignation, ces Bavarois, qui eussent dû être
les plus attachés à la France, furent ceux
qui y commirent le plus de cruautés et de
désastres lorsqu'ils pénétrèrent dans ce pays.
Cette conduite horrible envers les Français,
la veille encore leurs alliés et leurs frères
d'armes, les couvrit d'une honte qui rejaillit
sur leurs chefs, et particulièrement sur le
général de Wrède, qui devait plus de reconnaissance à la France et à Napoléon. Une
remarque faite en Russie, c'est que les Allemands étaient beaucoup plus cruels et plus
dangereux que les Italiens et les Français,
dont on a eu beaucoup moins à se plaindre.
On rejeta toutes les horreurs commises dans
la campagne de Moscow sur le nom français,
parce que l'expédition était dirigée par l'em-

pereur Napoléon : mais les Russes, interrogés particulièrement, conviennent que nous fûmes plus humains et plus généreux que nos alliés. Les Polonais sont également accusés d'avoir souillés par une grande cruauté la gloire qu'ils avaient acquise. Nous devons aux Espagnols la justice de dire que dans toute l'Allemagne on se loue de leur conduite ; l'armée du marquis de la Romana a laissé dans ce pays une réputation que nos troupes devraient bien s'attacher à mériter partout où elles vont.

D'autres princes et d'autres généraux allemands montrèrent également des talens et de la bravoure : beaucoup usèrent d'une rigueur déplacée, et quelques-uns montrèrent une cruauté indigne du rang qu'ils occupaient.

Les généraux de la coalition pour la plupart, et surtout les gouverneurs et commandans des places, commirent des excès, et firent éprouver aux habitans des vexations qui ne leur laissent plus le droit de blâmer la conduite des généraux français, qui abusèrent chez l'étranger du pouvoir dont ils étaient investi : tous les chefs alliés et jusqu'aux officiers placés dans les bourgs ou villages, sont retournés chez eux chargés de certificats des habitans qu'ils ont administrés, qu'il fallait leur donner sous peine d'être encore plus maltraités. Nous réunirons bientôt peut-être quelques traits de ce genre pour les faire connaître au public ; mais nous ne pouvons passer sous silence la réquisition qui fut faite à Reims par les Russes : parmi une immense quantité de marchandises de toute espèce ils exigèrent absolument quelques milliers de *bas de soie de femme*. Il n'est pas de Rémois qui ne puisse attester ce fait et en raconter mille autres de ce genre. Et ces messieurs étaient alors *nos amis et nos libérateurs !* Que feraient-ils aujourd'hui qu'ils sont de plus nos ennemis ?

Dans les armées russes la gloire parut être exclusivement réservée à l'empereur Alexandre, à qui on voulut persuader qu'il avait dirigé les opérations de la campagne ; l'adulation le proclama le *roi des rois*, le *vainqueur des vainqueurs*, et toutes les gloires s'éclipsèrent devant la sienne, même celle du fameux comte Witgenstein, que l'on avait appelé le *sauveur* de Saint-Pétersbourg. Il dut ce glorieux surnom peut-être moins à ses services qu'à madame Kutusow, qui peu de temps après la mort de son mari disait dans les cercles : « *Mon mari a sauvé l'empire ;* « *Witgenstein a sauvé Saint-Pétersbourg, et* « *Tchitchagow a sauvé Napoléon.* » Mais on ne s'abusait pas en Russie sur les causes de nos revers, et l'on y disait publiquement que c'était le général *marosse* (la gelée) qui avait battu les Français ; les derniers exploits du maréchal Kutusow étaient appréciés à leur juste valeur par tous les gens sensés. Le bruit le plus accrédité à Saint-Pétersbourg, même à la cour, était que Napoléon, ayant entièrement perdu son armée, se trouva réduit à se sauver avec deux ou trois officiers, et qu'il s'échappa déguisé en femme, en marchand à longue barbe ou en moine, et l'on accusait l'amiral Tchitchagow, qui commandait un corps d'armée, de l'avoir laissé passer par négligence. (1) Il fut même disgracié à cette occasion. Le maréchal Barclay de Tolly, général en chef; le comte Benigsen ne brillèrent point d'un grand éclat; le général Wit-

(1) On publia à Paris, vers la fin de 1814, une brochure sous le titre de PASSAGE DE LA BÉRÉZINA, qui détruit cette assertion, et qui explique parfaitement les causes de nos revers avant ce passage : cet écrit, différent de tous les libelles qui furent débités alors, doit servir de modèle sous tous les rapports, et particulièrement sous celui de l'impartialité, à ceux qui veulent fournir des matériaux à l'histoire. L'auteur doit, dit-on, incessamment donner au public des MÉMOIRES POUR SERVIR A L'HISTOIRE DE LA CAMPAGNE DE 1812. Si cet ouvrage est, comme on doit le croire, rédigé dans le même esprit, et nous pouvons ajouter dans le même style, il ne peut que faire infiniment d'honneur à son auteur, témoin oculaire des faits de cette campagne, qu'il nous paraît en état de retracer avec un très grand talent en le jugeant sur son passage de la Bérézina, ouvrage patriotique, très sage et hardi pour le temps où il fut écrit.

genstein lui-même ne soutint pas en 1814 sa
haute réputation de 1812, et le *vainqueur* du
duc de Tarente vint se confondre dans la
foule. Czernitchew eut un éclat momentané
vers la fin de 1813 : cet officier, qui a du mérite,
commandait un corps de cosaques, à la tête
duquel il fit quelques coups de main, qui ser-
virent plus utilement sa fortune que sa gloire.
Cent autres officiers russes se distinguèrent
plus ou moins, et firent la guerre avec des
succès variés; et le général Sacken acquit,
pour transmettre à la postérité, le titre de
gouverneur de Paris. Le prince Constantin
étonna par sa modération tous ceux qui connaissaient sa conduite précédente et son caractère violent; quelques orgies secrètes avec
le D. D. B*** furent les seuls excès qu'il com-
mit dans une ville où il était, comme les autres,
entré en *vainqueur*. Tous les autres généraux
coalisés se confondirent dans la foule, et il
n'y eut de réputation colossale que celle du
maréchal Blucher, contre laquelle nous nous
élevons justement avec tous les gens sensés.

Nous venons de passer en revue les grands
généraux de la ligue, nous allons aborder l'article du congrès.

SEPTIÈME TABLEAU.

Le Congrès, les Peuples et les Rois. Conclusion.

TANDIS que par les soins du gouvernement *paternel* la France jouissait des bienfaits de *sa restauration*, le congrès s'occupait de celle de l'Europe entière ; jamais réunion plus auguste ne traita d'un objet plus important, et au milieu des plaisirs que peuvent procurer les fêtes les plus magnifiques devaient se régler les destins de vingt peuples, dont les rois voulaient assurer la félicité, unique motif de cette grande confédération, dans laquelle on vit se confondre tant d'intérêts différens. Son but apparent était la liberté de l'Europe et le bonheur du monde entier ; les souverains dans leurs proclamations manifestèrent les intentions les plus généreuses, les plus libérales, et ils firent les promesses les plus brillantes ; le repos et la tranquillité des nations devaient être assurés à l'instant même de la chute de l'*ennemi commun*. Tout semblait concourir au succès d'une aussi noble entreprise. La fortune trahit Napoléon, et un rocher devient l'asile de celui dont naguère le nom seul alarmait l'Europe. Un monarque puissant, nouvel Agamemnon de tous ces rois conjurés, confirme en leur nom toutes les promesses déjà faites. Alexandre, fidèle à sa parole, respecte nos monumens, nobles trophées de la gloire nationale, et par cette conduite grande et généreuse, acquiert des droits à l'estime et à la reconnaissance d'un peuple qui subit un joug étranger, mais sans avoir été vaincu. Ce prince semble par ces égards respecter notre malheur. Tant de magnanimité est du plus heureux augure sur les résultats du congrès général convoqué à Vienne pour régler les divers intérêts et poser les bases d'une paix durable; la France, réduite à ses anciennes limites, espère qu'elle obtiendra une augmentation de territoire qui assurera son indépendance et l'équilibre de l'Europe. Janus ferme son temple, et Thémis elle-même doit présider cette assemblée où la concorde et l'équité vont rendre aux humains un repos si nécessaire après vingt-cinq ans de troubles et de désastres. On attend avec anxiété les décisions de ce tribunal suprême.

Mais, hélas! ce congrès, en qui la génération présente avait mis l'espoir de son bonheur et de celui de la génération prochaine, trahit tous

nos vœux ; ces rois, qui nous avaient fait de si
brillantes promesses, se jouent de notre crédulité ; les plus chers intérêts des peuples sont sa-
crifiés à ceux des princes, et leur caprice devient l'arbitre de notre sort. Les nations ne sont
plus que de vils troupeaux, dont les ministres
trafiquent au nom de leurs maîtres ; et alors
même que l'on semble discuter pour l'abolition
de la traite des esclaves africains, celle des
esclaves européens se fait aux yeux de l'uni-
vers, au nom et en présence de ces mêmes
souverains, dont les décevantes proclamations
nous avaient promis la liberté et le bonheur.
On leur voit commettre toutes les injustices
qu'ils avaient reprochées à Napoléon, et par
leur conduite justifier la sienne. Les droits des
nations sont méconnus, ceux des souverains
sont également violés lorsqu'ils contrarient la
volonté des plus puissans, et la force devient
la seule loi du congrès.

Les Polonais vont être engouffrés dans le
vaste empire de Russie ; l'espoir de redevenir
une nation leur est pour toujours enlevé,
parce que de toutes les puissances la Russie
est la seule qui ne rende jamais une de ses
conquêtes : depuis l'existence de cet empire
nous l'avons vue s'étendre d'une manière prodigieuse sans faire un seul pas rétrograde ;
les bornes qu'il semble s'être imposées sont
la mer du Nord, l'Océan et la Méditerranée.
Ce système d'agrandissement n'éprouve aucune déviation de la part du cabinet russe ; il

marche vers son but à pas de géant ; et
l'Europe qu'il veut asservir semble accélérer
cet événement par des efforts dirigés en sens
contraire de son propre intérêt. La seule
barrière que l'on pouvait opposer à ce torrent
dévastateur était la Pologne. Cette barrière
une fois détruite la Prusse deviendra la première proie de cette aigle dévoratrice, qui sera
elle-même subjuguée à son tour par les hordes
tartares. Il était donc naturel et même indis-
pensable que le cabinet de Berlin s'unît à
celui de Vienne pour s'opposer aux prétentions de la cour de Russie en rétablissant
la Pologne. Hé bien ! au contraire ; nous
voyons la Prusse consentir à consolider elle-
même la puissance qui doit un jour l'asservir,
et cela pour obtenir les dépouilles du roi de
Saxe, dont le crime est d'avoir été fidèle à
ses sermens, même au sein du malheur.
Qu'avait fait ce prince plus que les autres
rois de la confédération du Rhin pour perdre
sa couronne ? et d'ailleurs les souverains en
souffrant cette injustice n'agissaient-ils pas
ouvertement contre leurs propres intérêts,
puisqu'ils renversaient le préjugé sur lequel
ils fondent leurs droits ?

N'est-il pas bien singulier de voir les mêmes
ministres qui vantaient la sagesse et la justice
des princes qui avaient rétabli le *principe sacré
de la légitimité* par le retour des Bourbons
en France approuver également la *sagesse*
et la *justice* de ces mêmes princes qui con-

sacrent la violation de ce principe par la
spoliation du royaume de Saxe et sa réunion
à la Prusse ? On doit se souvenir que pendant fort long-temps il fut question au congrès
de la réunion entière de la Saxe à la Prusse,
et qu'enfin, d'après la résistance qu'oppo-
sèrent l'Autriche et l'Angleterre, (car la Russie
passait à la Prusse la spoliation de la Saxe,
afin que la Prusse lui passât l'envahissement
de la Pologne) on reprit pour base de la
discussion de cet article non pas quelle
portion de son royaume Frédéric-Auguste
céderait au roi de Prusse, mais bien les
provinces que Frédéric-Guillaume laisserait
au roi de Saxe. La réunion de ce pays à la
Prusse était d'une grande importance pour
cette dernière puissance, qui avait le plus
souffert dans la campagne de France, attendu
que presque toutes les batailles, et particulièrement celles où les coalisés avaient es-
suyé des revers, avaient été livrées par
les Prussiens, ayant des Russes pour auxi-
liaires, ce qui avait épuisé en hommes un
pays qui l'était déjà en argent. La Saxe lui
offrait des avantages précieux dans une armée formée de très bonnes troupes, et par
l'établissement de fortes impositions. La Prusse
paraissait la plus avide de concessions ; aussi
en demandait-elle jusqu'à ce côté-ci du
Rhin. Un système d'arrondissement n'était
pas le sien ; il lui fallait de nouvelles acquisitions, peu importe où ; l'essentiel était de

recruter l'armée et de réparer les finances
pour soutenir la guerre, que l'on savait bien
ne devoir pas tarder à éclater de nouveau. En effet, dès que la raison et l'équité
ne furent plus la base des traités qui se faisaient au congrès il est évident que le repos
de l'Europe ne pouvait être solidement établi,
et l'on ne pouvait espérer qu'une suspension
des hostilités pour reprendre haleine, et recommencer aussitôt que l'occasion s'en pré-
senterait.

Toutes les parties étaient mécontentes. La
Russie, réellement la mieux partagée, n'était
pas satisfaite de son lot; des restrictions
avaient dérangé ses prétentions, et la Pologne
demandait beaucoup de soins et de ménage-
mens avant qu'on fût parvenu à y établir
solidement une domination abhorrée de la
nation. Ce n'était qu'un avantage précaire,
et que l'on craignait de voir échapper malgré
que l'expérience eût prouvé jusqu'ici que
jamais pays réuni à l'empire de Russie n'en
eût été séparé. Mais ces Polonais sont si braves
et si belliqueux, ils ont un tel caractère d'indépendance qu'il était bien permis d'avoir
quelques craintes à cet égard; espérons aujourd'hui que tout espoir de liberté ne leur
est pas ravi. Vaillans Polonais si souvent
associés à notre gloire, reprenez courage, et
bientôt peut-être nous célébrerons avec vous
le retour de votre indépendance ! Polonais,
vous êtes nés pour être libres ; ne perdez

pas de vue cette noble pensée ; un jour vous serez délivrés du joug honteux qu'un superbe vainqueur vous impose ! La France , la Suède et la Pologne semblent être les nations du continent appelées par leur position à garantir la liberté européenne.

L'empereur Alexandre en réunissant la Pologne à la Russie ne la regarde que comme le premier pas fait vers la conquête de l'Europe, et ce prince, doué d'excellentes qualités naturelles, et qui aurait pu être le meilleur et le plus heureux des souverains, en deviendra peut-être le plus orgueilleux et le plus ambitieux s'il se livre trop aveuglément à des flatteurs qui chercheront à lui persuader que c'est à son seul génie qu'il a dû ces brillans succès, qu'un concours d'heureuses circonstances lui a procurés; sa perte sera assurée dès l'instant qu'il aura souffert qu'on lui dise qu'il est le plus grand politique et le premier guerrier de son siècle, et il n'aura pas d'ennemi plus dangereux que le courtisan déhonté qui se permettra cette insigne flatterie.

Frédéric-Guillaume , que ses vertus privées pouvaient rendre digne de l'estime et de la considération publiques, a constamment montré une trop grande condescendance aux avis de ses ministres; sa gloire et ses intérêts en ont souvent souffert, et leurs fautes ont beaucoup contribué aux malheurs de la Prusse, malheurs que ce prince aurait peut-

être laissé venger sur la France si des conseils perfides, qu'il écoutait trop facilement,
n'avaient été combattus par la générosité
d'Alexandre.

Le partage du nord de l'Allemagne entre
la Russie et la Prusse aurait nécessairement
amené la guerre entre ces deux puissances et
l'Autriche si l'épuisement de toutes trois ne
s'y fût opposé, parce que cette dernière puissance, qui voyait l'Angleterre, sous le nom
de la Hollande, enlever la Belgique, se trouvait réduite à prendre ses indemnités en Italie,
pays qui lui offrait peu de ressources. La haine
qu'on y porte au nom autrichien fait que
pour y établir sa domination il faudrait y en-
tretenir une armée considérable, ce qui ab-
sorberait la plus grande partie des revenus.
L'acquisition de l'Italie n'était donc pas un
avantage très-réel pour l'empereur d'Autriche,
qui d'ailleurs n'avait pas eu lieu d'être fort sa-
tisfait de ses alliés dans la coalition de 1814,
de sorte qu'il n'eût pas manqué de saisir la première occasion favorable pour faire la guerre.

La Bavière et le Wurtemberg n'avaient pas
non plus obtenu tout ce qu'ils pouvaient désirer
en indemnités, et le Danemarck ne pouvait
facilement oublier l'échange de la Norwège
contre la Poméranie suédoise. Pour la Suède,
l'acquisition de la Norwège compensait à peu
près la perte de la Finlande.

La France *vaincue* fut réduite à ses limites
de 1792, et l'on prétendit lui faire regarder

cela comme un bienfait, comme la preuve la
plus grande de la générosité des alliés, qui lui
rendaient tout ce qui était, disaient-ils, la
France proprement dite. Mais s'étaient-ils également remis sur le pied de 1792, et la France
était-elle restée puissance du premier ordre,
ainsi que cherchaient à nous le persuader les
écrivains dévoués? On lui avait rendu presque
toutes ses colonies, mais dans quel état!
Qu'est l'Isle-Bourbon sans l'Isle-de-France? et
que servent dans ce cas deux faibles points
dans l'Inde? et lui aurait-on permis de remon-
ter sa marine, du moins de bien des années?
L'Angleterre ne manqua pas de saisir l'occasion de priver la France de la meilleure de
ses îles : on lui rendit non pas Saint-Domin-
gue, dont on avait protégé la rebellion, mais
la permission de sacrifier une armée pour en
tenter la conquête, afin qu'en cas de réussite
la partie espagnole pût acquérir un degré
de prospérité que l'Angleterre aurait bien su
faire tourner à son profit.

L'Espagne, par la conduite inconsidérée
d'un prince qui devait tout à la fidélité de la
nation, est devenue le théâtre de toutes les
calamités. Ce pays renferme un volcan terrible, dont l'explosion en achevera peut-être
la ruine; cependant les ressources de ce beau
climat sont si grandes qu'il pourrait se relever
promptement de dessous ses ruines s'il était
administré par des mains habiles. Pour le
Portugal nous ne savons pas trop quelle est

son existence politique; est-ce une colonie anglaise, un pays libre ou une conquête? les Portugais sont-ils esclaves, tributaires ou alliés de l'Angleterre? retourneront-ils sous la domination de leur prince, ou Lisbonne sera-t-elle un comptoir anglais?

La Suisse aurait-elle eu à se louer de la restauration, ou a-t-elle été une source de maux pour ce pays? On pourrait également demander si l'espoir de prospérité donné aux petits états et aux villes libres d'Allemagne se serait réalisé. Quant à l'Angleterre la France, humiliée et terrassée, lui assurait une prépondérance bien marquée, et l'influence du cabinet de Saint-James sur celui des Tuileries était un assez beau triomphe : aujourd'hui, que la régénération vient de remplacer la *restauration royale*, les relations entre les deux empires seront-elles réglées par la politique tortueuse qu'a souvent déployée le ministère britannique, ou par l'intérêt de la nation anglaise? aurons-nous une paix honorable et avantageuse aux deux nations, ou bien une guerre injuste et ruineuse pour tous?

Un autre ordre de choses doit s'établir en Europe; le congrès n'est plus que l'ombre de lui-même : tous les souverains ont d'autres soins à prendre que le partage de l'Allemagne et de la rive gauche du Rhin ; le retour de Napoléon leur fournit un prétexte pour faire la guerre dans l'espoir d'obtenir encore quelques provinces à partager. Maintenant

nous ne pouvons plus croire à leûrs belles
promesses ; ils ont trop abusé de notre crédulité ; quelle foi pourrait-on ajouter aujour-
d'hui à leurs proclamations, et quels reproches
ont-ils à faire à Napoléon que leur conduite
n'ait pleinement justifiés? Lui reprochera-t-on
encore d'avoir reculé les bornes de l'empire
français jusqu'à Hambourg? Mais la Prusse a
des possessions jusqu'en Suisse et sur les rives
du Rhin. Lui reprochera-t-on la réunion de
la Hollande à la France? Mais le congrès
n'a-t-il pas consacré la réunion de la Pologne à la Russie, de la Saxe à la Prusse,
de la Belgique à la Hollande, on pourrait
presque ajouter de la Hollande à l'Angleterre? Et les titres de Napoléon ne sont-ils pas
couverts par ceux qu'avaient pris ou qu'allaient prendre les souverains? Et n'avons-
nous pas vu un prince ajouter le titre de roi
des Pays-Bas à celui qu'il aurait sans doute
pris plus tard pour la Hollande? Et un nouveau royaume d'Hanovre n'est-il pas éclos
du sein du congrès sur les ruines du royaume
de Westphalie? Pense-t-on que les Polonais,
les Saxons, les Belges et les Italiens voient
avec plus de plaisir leurs nouveaux souverains que les Espagnols et les Westphaliens
voyaient les leurs? Que l'on scrute les votes
chez les peuples nouvellement réunis en faveur des maîtres que l'on prétend leur donner, et l'on jugera de l'affection de leurs
sujets. Il est bien prouvé que les nouvelles

dominations sont abhorrées de plus des sept huitièmes des peuples qu'elles régissent.

Une haine invétérée existe entre les Russes et les Polonais, ainsi qu'entre les Saxons et les Prussiens, qui sont pareillement détestés par toute l'Allemagne. Une antipathie insurmontable règne entre les Italiens et les Autrichiens, et jamais les Hollandais et les Anglais ne parviendront à faire supporter patiemment leur joug aux Belges, dont le vœu le plus ardent est pour leur réunion à la France : ils brûlent d'embrasser ce pavillon tricolore qui les guida tant de fois dans les sentiers de l'honneur; enfans de la même patrie, Français ainsi que nous, ils n'ont pu voir sans frémir de rage et de douleur arborer sur les murs de leurs cités les étendards d'un prince qu'ils ne regardent que comme un proconsul de la fière Albion. En vain voudrait-on compter sur eux pour servir la cause des lis et celle du léopard ; ils n'oublieront jamais la démarche inconsidérée d'un prince qui signala son apparition sur le continent par l'acte insensé de la cession des plus belles provinces d'un royaume qu'il venait *restaurer*.

Les Belges ne pardonneront jamais au frère de Louis XVIII d'avoir trahi leurs plus chers intérêts en les séparant malgré leurs vœux de cet EMPIRE FRANÇAIS dont ils étaient fiers de garder l'un des boulevarts ; leurs gémissemens sont parvenus jusqu'à nous, et leurs frères d'armes attendent avec la plus vive impatience le signal

du départ pour voler avec la rapidité de l'é-
clair les délivrer du joug honteux d'un superbe
vainqueur, qui n'a dû ses succès qu'à l'or qu'il
a prodigué. On peut assurer que le premier
coup de canon que les Hollandais tireront
contre la France sera pour eux le signal de la
perte de la Belgique, et le premier revers des
coalisés assurera le rétablissement de la Saxe
et l'indépendance de la Pologne. Les sentimens de toute l'Italie sont assez manifestes
pour qu'on puisse facilement juger des efforts qu'elle fera pour recouvrer son existence
politique.

La coalition ne peut durer long-temps à cause
des intérêts divers et si opposés des souverains
qui la composent; ces intérêts ne sont plus
ceux de 1813, et nos ressources sont aussi
bien plus grandes. Nous combattions alors
pour un prince qui nous offrait de la gloire
lorsque nous ne désirions que le repos et la
tranquillité; mais aujourd'hui notre empereur
combat avec nous pour le maintien de nos
droits, qu'il reconnaît, et n'a plus la volonté
ni le pouvoir de violer. Eclairé par l'ad-
versité il saura éloigner de lui ce double ri-
deau de flatteurs qui lui cachait les maux de
la nation, qu'ils sacrifiaient à leur cupide ambition : son ministère est parfaitement com-
posé, à quelques exceptions près; il connaît
bien ceux que la voix publique désigne à
son intime confiance; c'est à des amis fidèles
et sincères à lui signaler plus particulièrement

les autres : il régnera avec équité ; il nous l'a juré, et nous avons pour garant de ses promesses son propre intérêt.

Napoléon à son retour a promis l'oubli du passé ; la nation le promit également ; une année de profondes méditations a dû le ramener au sentiment de sa véritable gloire, et, abjurant de funestes erreurs, il se consacrera au bonheur de la France : alors, seulement alors, son nom, cher à la postérité, fera l'orgueil de la nation, qui ne conservera plus que le souvenir de ses victoires et de ses bienfaits. Tel autrefois le règne d'Auguste fit oublier aux Romains la jeunesse d'Octave.

Cette coalition n'est formée qu'en apparence contre Napoléon ; elle l'est réellement contre la nation française, que l'on voudrait tenir dans un état de faiblesse qui l'empêchât de s'opposer aux vues ambitieuses des autres puissances. D'ailleurs elle vient de donner au monde un exemple trop dangereux pour les souverains en prouvant que la force du trône est toute entière dans l'opinion publique : dès lors plus de despotisme pour les princes, plus de servitude pour les peuples. Une nation qui ose manifester de tels principes doit être mise hors la loi des monarques absolus ; aussi le congrès vient-il de le déclarer positivement dans son protocole du 12 mai dernier, qui est un véritable manifeste contre la nation française, à qui l'on veut faire une guerre d'extermination sous le prétexte de prévenir des

guerres éloignées et douteuses. Si la sagesse
de notre gouvernement et les intérêts de notre
félicité doivent nous empêcher de chercher à
dicter des lois à l'Allemagne, de même notre
force, notre courage et le soin de notre gloire
nationale nous préserveront d'en recevoir.

Nous voulons la paix sans doute; elle est
un besoin pour nous; mais une paix honorable, une paix digne d'une nation libre et
puissante qui saura faire respecter ses droits
à ceux qui voudraient les méconnaître.

Les armées de toutes les puissances veulent
ravager notre territoire, et dans cette intention, en débordant le Rhin, elles inondent
nos frontières; mais leur impuissante rage y
viendra expirer. Tels les flots d'une mer ir-
ritée se brisent au pied des rochers contre
lesquels ils s'élèvent en vain. Ne nous con-
naissent-ils donc plus ces farouches ennemis?
Qu'ils interrogent les lieux où ils sont cam-
pés; est-il un seul endroit qui ne soit marqué
par un de nos triomphes, et ne soit pour eux
le présage assuré d'un nouvel affront? Ils
nous ont vaincus, disent-ils, et sont venus
dans notre capitale même planter leurs étendards! Ils savent bien les moyens qui leur en
ont frayé la route; et cette défaite, qu'ils nous
citent avec tant d'orgueil, est encore plus honorable pour nous que la plus belle de leurs
victoires ne l'est pour eux : la honte est pour
les traîtres qu'ils achetèrent, et la défense des
environs de Paris sera toujours un trophée de

la valeur française. Le souvenir de leur invasion excitera notre courage et notre indignation, de même que l'incendie d'Athènes réveilla l'énergie des Grecs.

. En vain se sont-ils laissé éblouir par le prestige de leur apparente gloire; nous sommes
encore ce même peuple français.dont ils ont
tant de fois éprouvé la puissance et la magnanimité. A notre tête marchent nos héros, dont
les glorieux surnoms attestent les exploits, et
avec eux Napoléon, dont le nom seul est tellement redoutable pour les coalisés qu'ils ne
craignent pas d'avouer que l'Europe entière
s'est armée contre lui. Ils nous conduisent
contre ces mêmes ennemis qui rougirent de
leur sang les plaines de la Champagne ; que
nous vainquîmes à Gemmapes, Fleurus,
Marengo, Austerlitz, Ulm, Auerstadt, Tarente, Wagram, Esling, Friedland, la Moskowa, Albufera, Lutzen, Montmirail, Toulouse, dans presque toutes les capitales de
l'Europe, dans mille autres lieux, et que
nous allons vaincre encore en ajoutant un
nouvel éclat à la gloire nationale.

Français, quelles que soient nos opinions,
nous ne devons voir aujourd'hui que le danger qui menace notre existence politique;
repoussons d'abord d'injustes oppresseurs,
et ensuite nous assoierons d'une manière inébranlable les fondemens de cette constitution
qui doit assurer notre félicité. Sensibles à la
voix de l'honneur et de la patrie qui nous

appelle, allons détruire cette ligue de souverains conjurés contre nos droits et notre liberté ; réunissons-nous sous ces mêmes aigles qui parcoururent victorieusement leurs contrées, et autour de cet étendard national, notre premier signe de ralliement lorsque nous secouâmes le joug de la féodalité, et qui, nous guidant au chemin de l'honneur pendant vingt-cinq ans de triomphes, flotta majestueusement sur tant de cités que nous avons conquises.

Marchons, et que les foudres de la vengeance nationale dispersent ou anéantissent ces timides esclaves qui, servilement dociles aux caprices de leurs maîtres, viennent pour river eux-mêmes les fers dont nous voulions les délivrer ! Nous combattons pour l'indépendance des peuples contre le despotisme des princes : cette cause est juste et sacrée ; nous la gagnerons, et, par un sentiment de générosité digne de la nation française, nous n'imposerons aux vaincus d'autres lois que la liberté.

FIN.

www.ingramcontent.com/pod-product-compliance
Lightning Source LLC
Chambersburg PA
CBHW050023100426
42739CB00011B/2757